増補版

相続・事業承継・認知症対策のための

いちばんわかりやすい家族信託のはなし

司法書士 川嵜一夫 著
税理士 蟹江乾道 税務監修

日本法令

増補版にあたって

　わかりやすく家族信託を紹介したい。
　そんな思いを持って、本書は2017年5月に発行されました。それから1年7か月。多くの皆様のご支援やご協力のおかげで、増補版を出すこととなりました。ご支援ご協力をいただいた皆様、どうもありがとうございます。心より感謝申し上げます。
　本書は、法律のプロではない一般の方が理解できるように、専門用語をなるべく使わず、わかりやすい言葉で書きました。そうしたら驚くことに、法律で仕事をしているプロの方から、多くのご感想をいただきました。「初めて家族信託が理解できました」とか「やっと家族信託の使い方がわかりました」などです。プロでも信託に関する法律は理解が難しかったのでしょう。私もそうでした。
　このような感想をいただき、大変うれしく思っています。私の体は1つしかありません。私がどんなにがんばっても、多くの人を救うことはできません。しかし、法律を扱うプロが、本書をきっかけに家族信託に取り組むようになれば、より多くのお客様が救われることになります。ですから私は、法律のプロ向けのセミナーや、法律のプロが初めて家族信託を行うときのサポートなどを行い、家族信託の裾野を広げる活動も行っています。
　この1年7か月の間にも、家族信託の現場には変化が見られます。マスコミなどで取り上げられることも多くなり、一般の方の認知度は着実に上がってきています。一方で、金融機関の家族信託への対応には、むしろマイナスの変化が現れているようです。
　増補版では、「アパートの管理を子供に任せたい事例」や「親孝行の子供に財産を確実に渡したい事例」を追加しました。また、金融機関の対応の変化とその対処法についても盛り込みました。
　本書を通じて、家族信託の裾野が広がり、1人でも多くの方が救われたら幸いです。

2018年12月
川嵜　一夫

はじめに

本書は次のような人たちのために書いたものです。

- ・（自分・家族が）認知症になって、財産が凍結されると困る人
- ・知り合いが相続トラブルにまきこまれたので、自分のときはトラブルを避けたい人
- ・家族信託の使い方を知って、自分のお客さんに提案したい人

 新しい法律のパワーを知った日

晩秋のさわやかに晴れた日。東京である新しい法律の研修会が行われていました。私も参加者の1人。その新しい法律のパワーを知った時、私は思わず「これはスゴイ！」と思いました。鳥肌が立ちました。こんなにスゴイことができる法律がつくられていたとは。相続などで財産を次の代にどう渡すか、この新しい法律の新しい方法を使えば、これまで不可能だったことが簡単に実現することがわかりました。今はできなくなったはずの『隠居』や『家督相続』を実現できます。

その新しい方法は「家族信託」。

地元に帰った私は、家族信託に関する書籍を読み漁りました。そして、家族信託の使い方について雑誌に投稿。ほとんど知られていなかった家族信託の記事は珍しかったらしく、その雑誌に掲載されました。

次に、急いでセミナーの準備をしました。こんなすばらしい「家族信託」を多くの方に知ってもらわなくては。そんな思いでした。

セミナーには多くの方に集まっていただき大成功。早速、相談を受け、家族信託で解決することになりました。理由は、会社を後継者に任せても余計な税金がかからないから。贈与税のかからない生前贈与のようなものです。そして、2代先まで後継ぎを指定しました。
　今度は生前贈与の相談を受けました。家族信託を提案したところ、相談された方は「こんな方法があるのか」と驚かれ、すぐに家族信託をとり入れることにされました。理由は生前贈与と変わらないのに、贈与税がかからないことです。とても満足していただき、その後も適する案件があれば提案し、多くの人が家族信託をとり入れました。

 ## 法律は誰の味方か?

　法律が敵になると、これほど恐ろしいものはありません。でも、味方になってくれたらこれほど心強いものもありません。
　では、どうしたら法律を味方につけることができるのでしょうか?
　残念なことに、法律は、正しく生きていれば必ず味方になるというものではありません。「知ること」によって味方につけられるものです。そうです。**法律は知っている人の味方**なのです。

 ## 私のエピソード

　私が高校3年生の冬、父は事業に失敗。父の会社は倒産しました。これに伴い両親は離婚。私と2人の弟は母に引き取られました。
　私は地元では進学校とされている高校に通っていたのですが、倒産と離婚で大学進学をあきらめました。家族のために昼は地元の工場で働き、夜は家庭教師のアルバイトをしました。私は家族のためにがんばっていたつもりでした。

しかし、働き始めて半年ほど経ったある日、通勤中に自動車事故を起こしてしまい、ケガはほとんどなかったのですが、相手と私の車は大きく損傷しました。
　私は動転し、気づいた時には相手が指定する自動車修理業者の事務所にいました。そこで、業者の社長からこう言われました。
「今回は穏便に済ませましょう。この書類にサインしてください」
　その書類は私が100％過失を認める示談書でした。
　当時、私は19歳。社会人になったばかりで、法律のことなどまったくわからない世間知らずです。動いている車同士の事故で、100％過失が認められることはあまりないことも、その書類が意味することも、よくわかっていませんでした。
　私は言われるまま、その書類にサインしました。
　つまり、その事故に関して、私が100％責任を負うことになりました。
　法律は正しく生きている人の味方ではありません。
　知っている人の味方です。

　家に帰ってきて、私は母親に怒られました。
「何でそんな書類にサインしたんだ」
　しかし、母の知り合いがそんな私を救ってくれました。
「一夫ちゃん、今回は大変だったね。でも、大丈夫だから」
　その方は会社の経営者。経営上、法律にかかわることもあるため、法律に詳しかったのです。その方は相手の自動車修理業者に電話をしてくれました。
「19歳の未成年者がサインしても、親が認めなければ無効になる。それからそのような示談を取り持って、あなたは弁護士か？　あなたがやっていることは弁護士法違反じゃないか」

あわてた業者は、
「今回の話から手を引く」
と言って、その示談書も無効になりました。
　未成年者のサインは親の同意がいること。一般の業者が示談書をとることは弁護士法違反だということ。これも法律を知っているからこそ、言えたのです。その電話で私は救われました。
　法律は正しく生きている人の味方ではありません。
　知っている人の味方です。

 ### 家族信託は新薬

　「家族信託」は、成年後見や遺言では実現できないことができる新しい方法です。信託会社を通さない信託で「民事信託」といわれることもあります。「民事信託」は家族のためにすることが多く「家族信託」と呼ばれることが多いです。2007年の法改正で使えるようになりました。2006年まで総理大臣を務めた小泉元首相の「規制緩和」の一環です。
　家族信託は、薬でいえば「新薬」です。
　これまでは、差し迫った人が最後の手段として試験的に使っていました。臨床試験です。その臨床試験が積み重ねられた結果、「劇的な効果がある」ということがわかったのです。

 ### 「新薬」を使ってもらうために

　このように、劇的な効果がある家族信託ですが、まだまだ世間的には知られていません。せっかくすばらしい効果があっても、使われなければ意味がありません

ですから、私は最近、この家族信託をより多くの方に知っていただくべく活動を行っています。
　毎週のように各地に赴きセミナーを行っています。新聞社主催の家族信託セミナーでも講演を行ったり、NHKのテレビ番組でも家族信託を紹介させていただいたりしました。それから、事務所通信を通じて家族信託の利用法などをお知らせしています。
　司法書士、弁護士、税理士、行政書士、中小企業診断士など、多くの専門家向けの研修会でも、紹介しています。
　相談をされた方の悩みを解決することはもちろんですが、相続や財産の引き継ぎにおける多くの方の悩みが解消し、希望が実現できるように、家族信託の普及や専門家の育成に力を注いでいます。

 なぜ、専門家の説明はわかりにくいのか？

　あなたは、法律の話だから、難しい専門用語ばかりで読むのが大変でないかと思っているのではないでしょうか？
　確かに、法律の専門家による話や本は、専門用語が多くてわかりにくいと思います。
　私も一応、法律関係の専門職の司法書士ですので、専門家の感覚がわかります。いつも専門用語を使っていますので、何も考えないと、そのまま専門用語を使ってしまいます。それに、細かいことや例外的なことを説明したくなります。なぜなら、そのようなところが資格試験に出るからです。むしろ例外的なところをよく勉強しました。それに、例外的なことも説明しないと、万一のとき、責任をとらされるのではないかと怖いからです。また、専門家はその分野のプロですから、一般の人がどこがわからないかがわからないのです。だから、専門家の話や書籍は難しく、専門用語が多く、細かい規定ばかりを説明

し、わかりにくくなるのだと思います。

　私は、司法書士ですが、法学部は出ていません。もともとは工学系のエンジニアです（4年間働いた後、大学の理工学部に進学しました）。サラリーマンを辞めて、司法書士を目指すまでは、法律とはまったく無縁の生活で、それまで民法を読んだこともありませんでした。勉強を始めた時は、「相続って何？」「後見って何？」という状況でしたから、受験勉強では専門用語を理解するのにとても苦労しました。
　だからこそ、法律に詳しくない人が、どこがわからないかがわかるのだと思います。そのおかげか、一般の方を対象にした法律のセミナーの講師によく招かれています。セミナーでは、「具体的な事例でイメージでき、わかりやすかった」「法律の講座なのにあっという間に時間が過ぎた」などのメッセージをいただいています。
　そこで、私の家族信託のセミナーの内容を、皆さんにも伝えたいと思い、1冊の本にまとめました。
　本書では、事例をもとに、専門用語はなるべく使わず、法律の知識がない方でも家族信託が理解できるように解説しました。3時間もあれば、家族信託だけでなく、遺言や成年後見のことも理解できると思います。あなたもこの書籍で、家族信託のパワーを手にしてください。法律を味方につけるために。

 本書の読み方

　第1部では、家族信託を理解するうえで前提となる、成年後見と遺言について解説しています。成年後見と遺言の知識があれば、ここは読まなくてもかまいません。
　第2部では、第1章で、成年後見と遺言では解決できない事例を紹

介しています。第2章では、まずそれが家族信託でどのように解決できるかを示し、その後、家族信託の概要をまとめました。第3章では、家族信託を用いると各種税金がどのように扱われるかを簡潔に説明しました。第2部をお読みいただければ、家族信託の概要と関連する税金が理解できるでしょう。

　第3部は、家族信託を利用した事例を7例（増補版では9例）紹介しています。事例ごとにそれぞれ完結していますので、最初から順番に読む必要はありません。興味がある事例、自分に関係のありそうな事例を選択して読んでください。

　第4部は、家族信託のセミナーや相談の際によく受ける質問とその回答をまとめました。家族信託を理解し始めると疑問に思う部分は共通していますので、あなたの疑問もここで取り上げられているかもしれません。

　第5部は、家族信託を実際に設定してから、信託期間中、そして信託の終了までの流れを解説しています。典型的な信託である、収益不動産の信託と、自分の会社の株を信託した場合の2つの事例について、始まりから終わりまでの流れを追っています。信託の設定方法を解説した書籍は多いですが、信託の終了までを取りまとめた書籍はあまりありませんので、家族信託についてより深く知りたい方には興味深く読んでいただけると思います。

　また、所々で、コラムを掲載しています。私が受けた興味深い相談事例（いくつかの事例を組み合せてフィクションにしてあります）や、実務での最前線の情報などをまとめています。気分転換のつもりで気軽に目を通してください。

2017年4月
川嵜　一夫

（注）初版発行時より内容を一部修正しています。

第1部　知っておきたい法律の基礎知識　*1*

1．成年後見　*2*
- （1）成年後見人とは？ ……………………………………………… *3*
- （2）成年後見の種類 ………………………………………………… *5*
- （3）成年後見人になることができる人 …………………………… *6*
- （4）自分が決めた人を後見人に指定する方法（任意後見）……… *7*
- （5）任意後見人には監督する人がつく …………………………… *9*
- （6）成年後見人には強力な武器がある ………………………… *11*
- **Column**　契約解除で悪質業者を撃退！ ………………………… *13*
- （7）後見人であることを証明する方法 ………………………… *14*

2．遺　言　*16*
- （1）相談者が亡くなるとどうなる？ …………………………… *17*
- （2）5分で書ける遺言 …………………………………………… *18*
- **Column**　相続人が70人？ ………………………………………… *20*
- （3）公正証書遺言のつくり方 …………………………………… *22*
- （4）公正証書遺言は弁護士や司法書士を通さないとつくることができない？ ………………………………………………… *23*
- **Column**　余命1週間の診断！　遺言をつくることができるか？ ……………………………………………………………… *24*

ix

第2部　今までの法律の不可能を可能にする「家族信託」って？　27

1．今までの法律では解決できない？　28
(1) 認知症になると、空き家を売れない？ …………………… 28
(2) 子供がいないと財産は誰に渡る？ ………………………… 39

2．家族信託とは？　46
(1) 家族信託を一言で説明すると… …………………………… 46
　Column　世界で最初の信託 ………………………………… 50
(2) 家族信託の登場人物 ………………………………………… 51
(3) 信託すると所有権の形が変わる …………………………… 53
　Column　「隠居」と「家督相続」が復活？ ……………… 59

3．家族信託と税金　61
(1) 贈与税と相続税（財産が無償で移転するときに課税される税金） ………………………………………………………… 61
(2) 譲渡所得税（財産を売ったときにかかる税金） ………… 64
(3) 所得税（収益に対してかかる税金） ……………………… 69
(4) 不動産取得税（不動産を取得するとかかる税金） ……… 70
(5) 固定資産税（不動産の名義人に毎年かかる税金） ……… 72
(6) 登録免許税（不動産の登記をするときにかかる税金） … 73
(7) 税金の優遇制度は適用可能？ ……………………………… 74

第3部　あなたの不安を安心に　家族信託　9の事例　79

1．生前贈与をしたい　80

(1) これまでの方法 81
　　(2) 家族信託なら解決できる！ 82
　　(3) 相続税について 84
　　(4) 固定資産税や不動産取得税は？ 85
　　(5) 信託の終わらせ方に注意 86

2. 孫の入学資金を出したい　　89
　　(1) お父さんの口座からお金がおろせない？ 90
　　(2) 成年後見人とは？ 90
　　(3) 孫のために使えない？ 91
　　(4) 専門職が成年後見人になると費用が発生 92
　　(5) 家族信託なら解決できる！ 93
　　(6) 贈与税はかからない？ 94
　　(7) お金を信託する場合の注意点 96
　　(8) 家族信託以外の解決方法 96

3. 障がいのある子供の生活費の解決方法　　102
　　(1) 何もしないとどうなるか？ 103
　　(2) 遺言を書いていたらどうなるか？ 104
　　(3) 家族信託なら解決できる！ 105
　　(4) 長男が亡くなったら 106
　　(5) 子供が1人の場合、財産は国に渡る？ 107
　　(6) 長男の普段の生活が心配… 110

4. 小さい孫に財産を残したい　　111
　　(1) 何もしないで相談者が亡くなると？ 112
　　(2) 遺言を書いても、お金が正しく使われない？ 113

  （3）家族信託なら解決できる！ ································ *114*
  （4）家族信託以外の解決方法 ·································· *115*
   Column 信託があったら救えた悲しい事件 ··············· *119*

5. 一人暮らしの自分の面倒を見てくれた人に財産を渡したい *121*
  （1）一人暮らしの人の不安 ······································ *122*
  （2）認知症になるとどうなるか？ ····························· *123*
  （3）成年後見人なら代わりにお金がおろせる ············· *123*
  （4）自分の決めた人に頼みたいなら任意後見 ············ *124*
  （5）亡くなった時の相続手続 ··································· *125*
  （6）正式なものとは遺言のこと ································ *127*
  （7）家族信託による解決法 ······································ *127*
  （8）他の制度と組み合わせればさらに確実に ············ *129*

6. 会社の株を渡したい（自社株信託） *130*
  （1）株とは何か？ ·· *131*
  （2）昔は、隠居と家督相続 ······································ *131*
  （3）戦後の方法には問題が… ·································· *132*
  （4）家族信託なら解決できる！ ································ *134*
   Column 徳川家康の事業承継　なぜ徳川は15代、
    260年続いたのか？ ··· *138*
  （5）相続税対策も兼ねた方法（逆信託）···················· *140*

7. 遺留分の請求が心配 *142*
  （1）遺留分とは？ ·· *143*
  （2）株の2つの機能 ·· *144*
  （3）二男に株を渡すと大変 ······································ *145*

（4）家族信託を使った対処法 ……………………………………… 145
　　（5）その他の対処法 …………………………………………… 147
　　（6）遺留分への対応　不動産の場合 ………………………… 147

8. 認知症になってもアパートの管理を引き続き長女に任せたい　149
　　（1）認知症になるとどうなるか？ ……………………………… 150
　　（2）成年後見人をつけるとどうなるか？ ……………………… 150
　　（3）任意後見人ならどうか？ …………………………………… 152
　　（4）家族信託なら解決できる！ ………………………………… 153
　　（5）税金はどうなる？ …………………………………………… 154

9. 面倒を見てくれる長男にできるだけ財産を渡したい　157
　　（1）何もしないとどうなるか？ ………………………………… 159
　　（2）どのような対策ができるか？ ……………………………… 160
　　　Column　家族信託はどんな事例が多い？ ……………… 166

第4部　家族信託のよくある質問　169

1. 家族信託のデメリットは？　170
2. 家族信託は投資のこと？　173
3. 信託銀行を通さなくて大丈夫？　175
4. 信託できる財産は？　176
5. 受託者が悪いことをしたら？　178
　　Column　受託者は悪いことをするか？ ……………………… 181
6. 受託者を知り合いの税理士や弁護士に頼めるか？　182
7. 受託者に報酬を払ってもよいか？　184
8. 受託者が認知症になったり、死亡したりしたら？　185

9. 受託者がもし破産したら？　*187*
10. 家族信託をすれば、遺言はなくても大丈夫？　*189*
11. 遺言と信託がどちらもあったら、どちらが優先？　*191*
12. 家族信託は公正証書で作成しなければならない？　*193*
13. 家族信託は自分でつくることができる？　*196*
14. 信託口の口座は必要？　*198*
15. 担保や融資が関係するときは、金融機関にはどのように対応したらよい？　*201*

第5部　家族信託の設定から終了までの流れ　*205*

1. 収益不動産を信託する場合の流れ　*206*
   （1）家族信託の設定 ……………………………………………… *207*
   　　Column　金融機関との事前調整 ……………… *211*
   （2）信託の期間中 ………………………………………………… *213*
   （3）信託の終了 …………………………………………………… *217*

2. 会社の株を後継者に信託する場合の流れ　*219*
   （1）家族信託の設定 ……………………………………………… *220*
   （2）信託の期間中 ………………………………………………… *223*
   （3）信託の終了 …………………………………………………… *224*

※「家族信託」は一般社団法人家族信託普及協会の登録商標ですから、ご使用の際にはご注意ください。なお、著者は商標権者の許諾を得て家族信託という用語を使用しております。

第1部 知っておきたい法律の基礎知識

「家族信託ってどんな制度?」
あなたはそう疑問に思って本書を手に取ったのではないでしょうか。
家族信託を理解するためには、成年後見(任意後見)や遺言の知識が必要です。誤解を恐れずにいえば、家族信託は「任意後見+遺言」のような制度です。さらに、成年後見や任意後見、遺言の欠点を補い、パワーアップさせたような制度だといえます。
ちょっと遠回りに思われるかもしれませんが、家族信託を理解していただくために、第1部では「成年後見(任意後見)」と「遺言」についてご紹介します。

1 成年後見

事例 1

　母のことで相談があります。

　母の生活費や治療費のために、母の預金口座からお金を引き出していました。お金を引き出す際には、母と一緒に私たち子供が銀行の窓口に行っていました。

　ところが、先日、母が認知症で施設に入って、一緒に銀行に行けなくなりました。すると、銀行の窓口で「お母さんに成年後見人をつけないとお金を引き出すことはできません」と言われました。

　成年後見人とはどのようなことをする人なのでしょうか？成年後見人をつけるにはどうすればよいのでしょうか？

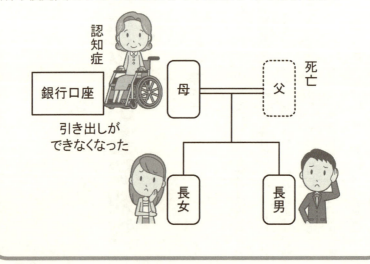

近年は、銀行などの金融機関の本人確認は徹底しています。口座からお金を引き出したり、通帳の再発行をしたりすることは、口座名義人の本人でないとできません。親が窓口に行けなくなり、子供だけで窓口に行っても、お金をおろすことができません。
　「子供だからいいだろう」と思っても、銀行はやさしくも断固たる態度で拒否します。
　お金をおろすためには、最低限、親と窓口に一緒に行って、親の意思の確認ができることが必要です。ですから、親が窓口に行けなくなると、口座からお金がおろせなくなります（もちろんATMからお金をおろす場合は、本人確認はされませんが）。
　親が窓口に行けなくなり、本人確認ができないと、窓口で「成年後見人をつけてください」と言われます。このように言われたことがある人も多いと思います。
　では、この成年後見人とは、どのような人なのでしょうか？

1 成年後見人とは？

　認知症や知的障がいなどで、判断能力が十分でない人は、預貯金の入出金や施設などの契約手続などが、自分ではできません。成年後見人は、その判断能力が十分でない人に代わって、これらの手続きを代行する人です。一言でいえば、**「代わりにハンコを押す人」**です。
　私も何人かの成年後見人をしています。何をしているかというと、銀行に行ってお金をおろして、施設など料金の支払いをしたり、介護保険などの役所関係の手続き、施設との契約をしたりしています。判断能力がなくなった人に代わり、私がその手続きの内容を判断して、書類にハンコを押すわけです。

1-1 成年後見人とは

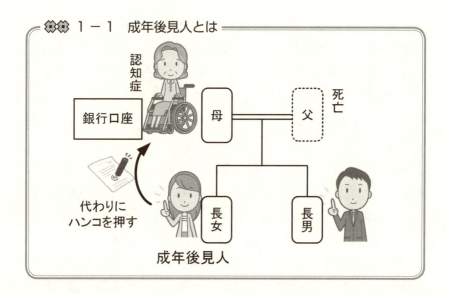

　まさに「代わりにハンコを押す人」です。別な言い方をすれば**「保護者」**ですね。
　5歳の子供が、お正月にお年玉をもらいました。そのお年玉を貯金することにして、通帳をつくって銀行でお金を預けることにしたとします。その場合、通帳は5歳の子供ではつくれませんので、お母さんやお父さんが、その子の代わりにその子の通帳をつくります。「保護者」だからです。
　一方、お母さんの年金を入れる通帳をつくりたいとします。しかし、お母さんが認知症で、判断能力が不十分だと、お母さんは自分で口座をつくることができません。そのようなとき、お母さんの通帳は誰がつくるのでしょうか？　その場合、子供などが成年後見人になって、お母さんの代わりにお母さんの通帳をつくります。「保護者」に似ていますね。

　5歳の子供なら、誰でも通帳を自分ではつくれませんが、80

歳の人の場合は、しっかりしている人もいれば、認知症などで判断能力が不十分な人もいます。ですから、成年後見人が必要かどうかを、誰かが判断しなければなりません。それが家庭裁判所です。実際には、精神科の医師からの診断書に基づいて、家庭裁判所は判断します。

2 成年後見の種類

　判断能力の程度によっては、通帳のお金の出し入れすら自分ではできない人もいますし、お金の出し入れや日常生活はできるけど、自宅のリフォームの契約や不動産の処分など、高度な判断が求められることは、誰かのサポートがほしいという人もいます。
　ですから、成年後見の制度は、判断能力の程度によって3種類用意されています。

① 成年後見

　基本的には、自分では事務的なことが何もできない場合です。成年後見人は、その人のすべての事務的手続について、代わりにハンコを押す権限を持っています。

② 保　佐（ほさ）

　日常生活は基本的には自分でできるけど、重要な契約は、誰かのサポートが必要だというケースです。
　発達障がいなどで、判断力は通常の人より不足するけれども、日常生活は自分でできているような人が該当します。

不動産の売買、住宅のリフォーム、相続時の遺産分けの手続き（遺産分割協議）、訴訟をする場合などは、それらの書類にその人がハンコを押し、さらにサポート役の保佐人もハンコを押します。

保佐人は、「代わりにハンコを押す人」というよりも、「一緒にハンコを押す人」ですね。

③ 補 助

補助は、保佐よりさらに軽いケースです。

判断能力は通常の人より多少不足するけど、日常生活は自分でできているような人です。保佐と補助の違いは、判断が難しいのですが、精神科の医師が検査することにより、「この人は保佐」「この人は補助」と判断してくれます。

重要な契約では、その人のハンコの他に、補助人のハンコも一緒に押します。その点でも保佐人と似ています。

3 成年後見人になることができる人

成年後見人は家庭裁判所が選任します。

成年後見人になるためには、資格は不要です。家族がなれるのであれば、家族が成年後見人になるのが一番良いと思います。しかし、様々な理由で家族が成年後見になれない場合があります。

例えば、次のような場合です。

- ・近くに家族が誰もいない
- ・近くに家族はいるが、多額の借金を抱えている
- ・親族間でトラブルがある

このようなときは、司法書士や弁護士などの専門職が成年後見人に選ばれることがあります。
　また、多額の財産（といっても、現金で500万円から1,000万円以上）を持っている人が判断力がなくなった場合も、専門職が成年後見人として選任されるケースが多いようです。
　最近は、成年後見人に専門職が選任される傾向にあります。2017年は、専門職が成年後見人になるケースは約74％でした。親族が選任されるケースは約26％です。また、財産の管理は司法書士や弁護士などの専門職、身の回りの世話は親族などというように、複数の成年後見人が選任されることもあります。
　成年後見人になるためには資格は必要ありませんが、成年後見人をつけてもらうとき、家庭裁判所は、その人や家族の事情を考慮して成年後見人を選んでいます。

④ 自分が決めた人を後見人に指定する方法（任意後見）

　前述のように、成年後見人は、家庭裁判所が選任します。最近は7割が家族以外の専門職です。これって、当人からすると、少し抵抗ありませんか？　赤の他人が、自分の通帳を預かったり、お金の出し入れをしたり、役所や施設の手続きをしたりするわけですから。
　私も何人かの成年後見人をしていますが、その人たちは、それまではまったく面識がなかった人たちです。
　当人からすれば、まったく知らない人がいきなり通帳を持って行き、お金の出し入れや支払いをするのです。私も、施設に入っている人の成年後見人になったときは、空き家になっているご本

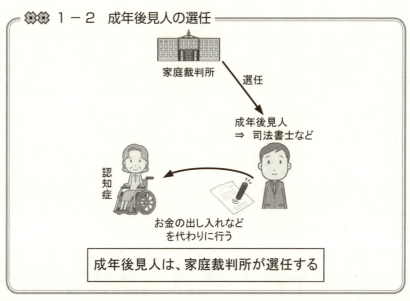

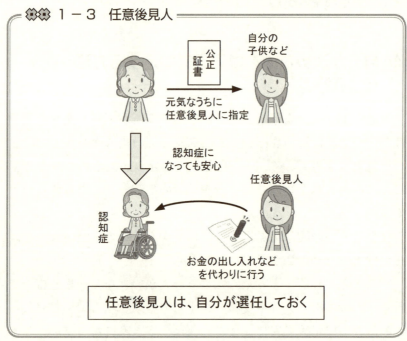

人の自宅に入り、通帳類などを探す「家捜し」をしたこともあります。

こんなことがわかっていると、少し抵抗があると思います。

自分が将来、判断能力がなくなったときに備えて、後見人を誰か信頼できる人に頼んでおけないものでしょうか？

実は、できます。「**任意後見**」という制度があります。

任意後見とは、自分であらかじめ、自分の後見人を決めておく制度です。そうすると、自分が認知症などになり、判断能力がなくなると、自分が決めておいた人が後見人になります。

そのために、公正証書で任意後見人を指定する契約をします。

自分の判断能力が低下してくると、頼まれた人は、通帳のお金の出し入れなどの保護者的な役割がスタートします。任意後見人にどこまで任せるかは、あらかじめ決めておくことができます。

任意後見人になるために資格は必要ありませんので、誰でもなることができます。自分の子供や孫、甥、姪などの親族を指定することができます。司法書士や弁護士などの第三者を指定する人もいます。

この任意後見人には、自分が決めた人がなり、まったく知らない赤の他人がなることがありませんので、安心です。

今はまだ元気だけど、将来的に預貯金の管理や、各種契約や手続きに不安がある場合、自分が信用できる人に任意後見をお願いしておくのも、1つの手だと思います。

5 任意後見人には監督する人がつく

本人の判断力がある程度低下してくると、任意後見をスタートさせなければなりません。スタートさせるには任意後見人や本人

の親族などが家庭裁判所に申立てをすることが必要です。任意後見人は自分が決めた人がなるのですが、スタートさせると**任意後見人をチェックする人がつきます**。これを「任意後見監督人」といい、家庭裁判所が選任します。チェックする人ですから、親族ではなく司法書士や弁護士等の専門家が選ばれることが多いようです。

　お母さんが、自分が認知症などになったときに備え、娘に任意後見人を頼んだケースで考えてみましょう。

　お母さんが認知症になると、任意後見がスタートします。娘さんは任意後見人として、お金の出し入れや、施設の入所契約を行

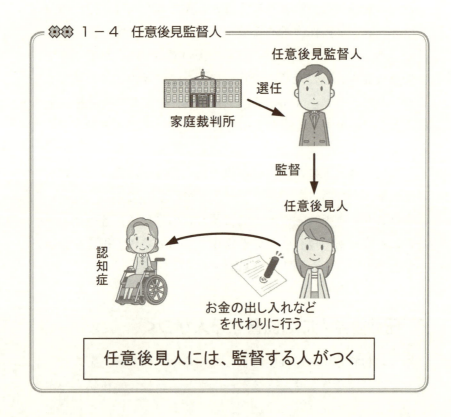

❀❀ 1 − 4　任意後見監督人

います。

　一方で、任意後見がスタートすると、家庭裁判所は娘さんの後見をチェックする人を選任します。「任意後見監督人」です。娘さんがお金の出し入れなどしてくれますが、それらはすべてこの監督人がチェックします。

　これは、任意後見人がしっかりやっているかを監督人がチェックしてくれる点で安心感のある制度なのですが、一方で、監督人の意向によっては、任意後見人と監督人とで意見が合わないことがあるという問題点があります。

　例えば、「自分が施設に入って自宅が空き家になったら、自宅を売却してほしい」と考え、任意後見を自分の親族に頼んでいたらどうでしょう？　監督人の意向によっては、自宅の売却にストップがかかるかもしれません。類似の制度の成年後見では、自宅の売却に制限があるからです。

　また、弁護士や司法書士などの専門家が監督人になると、報酬を支払う必要もあります。

　任意後見は、自分が選んだ人が後見人をしてくれるとても良い制度ですが、監督人の意向によっては、望んでいたことができなくなる可能性があることや、監督人に報酬が発生したりする点で、成年後見人と同様の使い勝手の悪さがあります。

6 成年後見人には強力な武器がある

　ここまで、成年後見人や任意後見人は、「代わりにハンコを押す人」であるというお話をしてきました。それ以外にも、成年後見人は、強力な効力を持っています。それは契約などの**「取消権」**です。

和子さんは一人暮らし。最近認知症が進み、娘の弘美さんは、和子さんが悪質商法に狙われないかを心配しています。先日も、必要もないのに高級布団を購入する契約をしてしまい、数十万円を払うことになってしまいました。今後もこのようなことがないか心配です。

　そこで、弘美さんは家庭裁判所に成年後見人をつける申立てをして、母である和子さんの成年後見人になりました。

　そうすると法律上、成年後見人である弘美さんには、「取消権」という強力な武器が手に入ります。

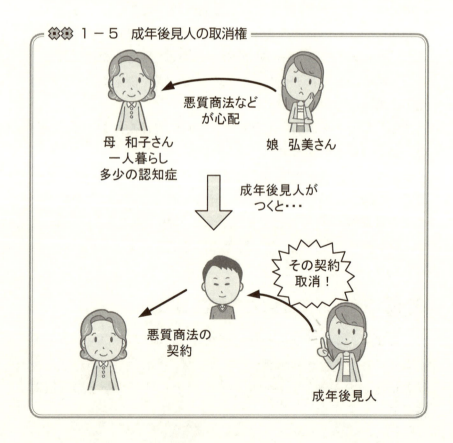

1-5　成年後見人の取消権

今後、和子さんが自分１人で大きな買い物や不必要なリフォームなどの契約をしてしまったとしても、成年後見人である弘美さんが「取消」と言ってしまえば、お金を支払わなくてもよくなります。

　このように、成年後見人には、契約を取り消せる強力な権限がつきます。保佐人や補助人にも同様に取消権があります。ただし、任意後見人には取消権がありません。
　親御さんなどが一人暮らしで、悪質な業者に狙われないか心配という場合は、成年後見人を付けると安心かもしれませんね。

COLUMN　契約解除で悪質業者を撃退！

　若田さん（仮名、40代）は、お母さん（70代）が無駄な大きな買い物をするので、止めさせる方法はないかと相談に来ました。
　お母さんは資産家で、それなりにお金がありますが、判断力が弱っているようです。業者に言われるがまま、数百万円もする庭石や着物をつい買ってしまいます。
　精神科で判断力を調べる診断書をとってもらいました。診断結果は、「保佐」程度の判断力。日常的な買い物はできますが、数百万円もするような買い物は１人ではできないとされる判断力です。
　早速、若田さんをお母さんの保佐人にする申立てを家庭裁判所にしました。50万円以上の買い物をするときは保佐人の同意が必要になるという形で申立てをし、無事、若田さんがお母さんの保佐人に選任されました。
　そうするとその権限は強力です。お母さんが若田さんの同意なく50万円以上の買い物をすると、後でその契約を取り消すことができます。支払った代金を返すよう請求できますし、まだ支払っていなければ代金を払う必要はなくなります。商品が手元に

あれば業者に返還しますが、万一、他人にあげたり、なくしたりして返せない場合は、返す必要はありません。

その後、お母さんは、1人でまた庭石を買ってしまいました。売った業者とは近所で付き合いがありますので、若田さんはあまり大事にしたくありません。そこで若田さんは、保佐人である旨の証明書を出して、「今回は目をつぶるけど、次回からは、契約を取り消しますよ」と業者にきつく言いました。

効果はすばらしく、その後、業者は二度と庭石を売りに来ることがなくなりました。

このように、一人暮らしの親御さんを余計な買い物から守るためには、成年後見制度は強力な武器になります。

7 後見人であることを証明する方法

判断力がなくなった本人の代わりに成年後見人が各種手続をするときは、証明書が必要です。

その証明書はどこでとれるのでしょうか？

市役所では成年後見人の証明書は発行されません。かつては成年後見人がついていることが戸籍に載ったようですが、「人権侵害に当たるのでは」という声があり、現在は戸籍には成年後見人がついているということは載らなくなりました。

成年後見人の証明書は、法務局という役所でとることができます。法務局は各地にありますが、成年後見に関する証明書は県庁所在地の法務局でしかとることができません。郵送の受付は、東京の法務局で、全国分を一括で扱っています。

私も何人かの成年後見人をさせていただいております。役所や銀行の窓口で手続きをするときは、成年後見の証明書と私の免許証などの身分証明書を出して、本人確認をしてもらっています。

本章のポイント

・成年後見人とは、認知症などで判断力がなくなった人に代わって様々な手続きを行う人のこと。

・成年後見の種類には、判断力の程度に応じて、成年後見、保佐、補助、の3種類がある。

・成年後見人は家庭裁判所が選任する。

・成年後見人になるには資格が不要だが、最近は司法書士や弁護士などの専門職が選ばれることが多い。

・自分が決めた人に後見人をお願いしたい場合、公証役場で任意後見契約を行う。

・任意後見がスタートすると任意後見監督人がつく。

・成年後見をしておけば、悪質商法などで契約しても、後から契約の取消ができる。

・後見人であることの証明書は、法務局でもらうことができる。

2 遺　　言

事例2

　私は70代の男性です。
　先日、私は脳卒中を患い、しばらく入院しました。無事退院はできたのですが、自分も今後のことを考えなければいけないな、と思いました。
　私には人に貸している土地があり、そこから地代をもらっています。また、多少の預貯金もあります。
　私が亡くなったら、不動産をはじめ、私の財産は妻に相続させたいと思っています。そうすれば、不動産からの地代で妻が生活に困ることがないでしょうし、多少の蓄えからいざというとき役に立つと思うからです。
　私たち夫婦には子供がいません。私が亡くなると、妻と私の兄が相続人になると思います。私たち夫婦は兄とは折り合いが悪いため、相続のときに妻が困らないようにしたいと思います。
　どのようにしたらよいでしょうか？

1 相談者が亡くなるとどうなる？

　人が亡くなると、その人名義の預金口座がロックされ、お金がおろせなくなります。不動産も亡くなった人の名義のままでは、管理するうえで不都合も生じます。

　お金をおろしたり不動産を管理したりするために、相続手続が必要になります。この相続手続では、**亡くなった人の相続人全員で遺産をどう分けるか相談**をします。この相談のことを「**遺産分割協議**」といいます。その協議内容をまとめた書類を「**遺産分割協議書**」といいます。

　亡くなった人名義の預金を解約するには、その預金は誰が受け取るのかを決めて、遺産分割協議書に相続人全員の実印で押印し、印鑑証明書をつけて行います。不動産も同様です。

※　2019年7月1日施行の民法改正により、一定金額までは、相続人単独で預貯金の払い戻しを受けることができるようになりました。

　今回の相談者のケースでは、相談者が亡くなると相続手続をするには、奥さんと相談者のお兄さんとで遺産分割協議をすることになります。そして、書類にはそれぞれの実印で押印して、印鑑

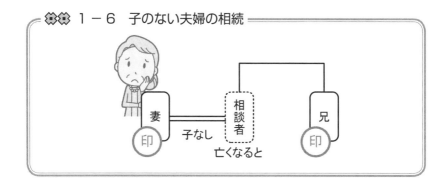

1−6　子のない夫婦の相続

証明書が必要になります。

　相談者のご夫婦は、お兄さんと折り合いが悪いとのことですので、相談者が先立たれ、奥さんが残された場合、奥さんは戸惑われると思います。

　では、どうしたらよいでしょうか？
　もうおわかりですね。**遺言を書いておくべきです**。遺言を書いておけば、奥さんとお兄さんの遺産分割協議も不要で、相続の手続きができます。書類に実印での押印も、印鑑証明書も不要です。遺言を作っておけば、残された奥さんも安心です。

2 5分で書ける遺言

　遺言は書くのが大変なイメージがあると思いますが、実はとても簡単に書けます。
　今回の事例では、相談者が簡単な遺言を残すだけで、奥さんはとても助かると思います。書き方は非常に簡単です。
　便せんなどの紙を用意して、図のような文章を書きます。書き方は、
・全部手書き※
・日付（日にちまでしっかり書く）
・名前
・ハンコ（認め印でも可）
　これだけでOKです。
　このように、自分の手書きで書く遺言を「**自筆証書遺言**」といいます。

※　2019年1月13日施行の民法改正により、預貯金や不動産の一覧などの財産目録はパソコン等での作成が可能になりました。

❀❀ 1-7　5分で書ける遺言

```
┌─────────────────┐
│  遺言書          │
│                  │
│  私のすべての財産は、妻の山田和子 │
│  に相続させる。    │
│                  │
│  ○年○月○日      │
│                  │
│  山田太郎 ㊞      │
└─────────────────┘
```

・全部手書き
・日付
・名前
・ハンコ

これだけ！

　書く内容は上の1-7のように
「私のすべての財産は妻の○○に相続させる」
といった簡単なものでも大丈夫です。

　不動産の具体的な物件や預金口座など、個別に書く必要はありません。「すべて」と書けば、すべての財産が奥さんに渡るようになります。

　また、「山田和子」だけだと、同姓同名の人もいますので、「妻」と続柄を入れましょう。

　封筒に入れる必要もありませんし、縦書きでも横書きでもかまいません。住所も書いてありませんが、それも法律上は不要です（もちろん書いたほうがベターです）。

　こんな簡単なものですが、あるとないとでは大違いです。見た目は「紙ペラ」ですが、これがあれば、相談者が先立たれた後、残された奥さんは、スムーズに相続手続をすることができます。繰り返しますが、**5分で書けるこの「紙ペラ」があるだけで、残された家族は大変助かります。**

法律は知っている人の味方ですね。

私も相続手続の相談を受けたとき、「遺言があれば」というケースが何度もありました。

子供がいない夫婦や再婚された方などの場合は、特に感じることが多いです。

ただし、1点だけ。

簡単に書ける遺言ですが、ちょっとしたことで無効になることがあります。

ですから、手書きの遺言を書いたら、弁護士や司法書士などの専門家に、法的に有効か確認してもらうことをお勧めします。費用は少しかかると思いますが、安心料と思って、確認してもらってください。

さらに確実にするなら公正証書です。公正証書の遺言のつくり方については、後でお話しします。

COLUMN　相続人が70人？

自分の自筆で書く遺言（自筆証書遺言）は簡単に書けますが、ちょっとしたことで無効になりますので注意が必要です。

その女性（70代）は、夫が亡くなったので相続手続をしたいと言って、相談に来ました。子供はいないけど、夫が遺言を書いてくれていたとのことです。

その遺言を見て私は、愕然としました。

日にちの部分が「吉日」となっていたのです。

大変残念なのですが、この遺言は無効で使えません。そうする

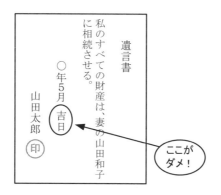

と、ご主人の相続人全員の実印と印鑑証明書が必要になります。

　この女性はご主人との間に子供はいません。子供がいないと、ご主人の親が相続人になります。もちろん両親とも亡くなられていますので、その場合は、ご主人のきょうだいが相続人になります。

　80代で亡くなられた方で、大変多くのきょうだいがいました。しかも、ご主人のお父さんは離婚歴があり、母親が違うきょうだいもたくさんいます。しかも、きょうだいも皆さん高齢で、亡くなられている方も多かったのです。そうすると、きょうだいの子供たちに相続権が発生することになります。

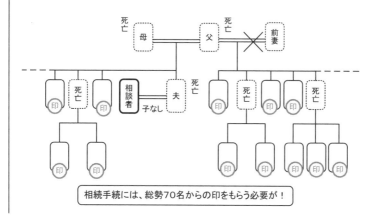

相続手続をするには70名から実印と印鑑証明をもらう必要が出てきました。

きょうだいの中で協力者がいたため、その人の力を借りながら地道に集めた結果、2年かかりましたが何とか相続手続をすることができました。

元はというと、ご主人の遺言の日付が「吉日」となっていただけで、こんな大変な手間がかかってしまうことになってしまいました。自分の自筆で遺言（自筆証書遺言）を書いた場合、法律の専門家に一度確認するのをお勧めします。

3 公正証書遺言のつくり方

遺言には、大きく分けて、自分の手書きでつくる遺言（自筆証書遺言）と、公証役場で公証人からつくってもらう遺言（公正証書遺言）の2つがあります。

先にお話しした通り、自筆証書遺言は5分もあればできてしまいますが、公正証書遺言はかなり厳格な方法によりますので時間がかかります。

まず、誰にどの財産を渡したいか決めたら、お近くの公証役場に行きます。そうすると、公証人が内容を聞き取って、その内容に沿った遺言の原案を作成してくれます。

同時に、様々な書類が必要になります。戸籍や印鑑証明書などです。

また、公正証書遺言をつくる際には、遺言の内容に無関係で、血縁関係や婚姻関係にもない人が、2人、証人として必要になります。

書類を用意し、証人になる人と一緒（本人、証人2人の合計3

人）に公証役場に行き、遺言を作成します。作成した遺言には、本人、2人の証人、公証人の合計4人が署名・押印します。これで公正証書遺言が完成です。

公証人に支払う費用は5万円～10万円くらいの場合が多いようです。財産が多い方や、多くの人に財産を分けたい人は、さらに費用がかかることもあります。

準備の時間も含めて、完成まで1か月くらいはかかることが多いのではないでしょうか。

公正証書遺言は、公証役場で原本を保管して、それの写し（正本と謄本）を2部、本人に渡します。正本は原本の写し、謄本は正本の写しというイメージです。

正本と謄本は、見た目はほとんど同じですが、相続の手続きで必要になるのは正本です。

原本は、公証役場によって多少の違いはあると思いますが、おおむね本人が120歳になる程度の期間は保管してくれるようです。

公正証書遺言は、作成手順が厳格である分、法律的な証明力がとても強い遺言になります。法律のプロである公証人がチェックしてくれますので、作成段階で無効になることもありません。**自筆証書遺言より確実性が高い遺言**といえます。

4 公正証書遺言は弁護士や司法書士を通さないとつくることができない？

そんなことはありません。直接、公証役場に行って、作成することができます。そうすれば、弁護士や司法書士に余計な費用を払わなくても済みますね。

でも、弁護士や司法書士などの専門家を通して遺言を作成する人も多くいらっしゃいます。それには理由はいくつかあると思います。

　まずは、内容を十分吟味して作成することができることです。財産の調査から、希望する財産の分け方、遺留分（詳しくは第3部の7例目の事例をご覧ください）の検討までしてくれます。また、公正証書の遺言には証人が2人必要ですが、専門家がその証人にもなってくれます。各種書類（戸籍など）の準備も協力してくれますし、公証人とのやりとりもすべて代行してくれます。ですから、このような協力が必要だと思う人は、弁護士や司法書士などの専門家に依頼する価値はあると思います。

　逆に、証人も頼める人がいて、自分ですべて準備できる人は、公証役場に直接行ったほうが、余分な費用もかからずに、公正証書遺言が作成できます。

COLUMN　余命1週間の診断！　遺言をつくることができるか？

　遺言は、自分の手書きで書く遺言（自筆証書遺言）や公証役場でつくる遺言（公正証書遺言）が一般的ですが、他にも様々な遺言の作成方法があります。

　私が今までで一番緊張した案件は、余命1週間と診断された人の遺言でした。

　娘さんからご連絡をいただいた時は、佐藤太郎（仮名）さんはガンで余命1週間とのことでした。

　娘さんから相談を受け、病院に駆けつけると、佐藤さんの全身は点滴など様々なチューブがつながっている状態でした。挨拶をすると、受け答えはすることができるようです。お話を聞くと、

佐藤さんが経営する会社の株のすべては後継者である娘さんに、佐藤さんが所有する土地の一部は佐藤さんの甥に渡したいとのこと。もし、このまま佐藤さんが亡くなられると、甥に土地が渡ることはないですし、万一、相続トラブルになると、会社の株が後継者の娘さんに渡らないかもしれません。

　佐藤さんは全身チューブにつながれ、とても今の内容を手書きで書ける状態ではありません。公正証書遺言をつくるにしても、時間が必要です。戸籍を集めたり、公証人に病院まで出張してもらうスケジュールの調整をしたりするなど、すぐにはできません。それまでに佐藤さんに万一のことが起きないとも限りません。

　自筆の遺言も無理。公正証書の遺言はつくる時間がない。どうするか？ 民法にはそのような人でも遺言を作ることができる最後の手段を残してくれています。**死亡危急者遺言**というものです。

　佐藤さんが話された内容を私が筆記（パソコン打ち）します。パソコン打ちしたものを遺言に関係ない３名の証人と共に佐藤さんに確認をしてもらい、間違いがなければ、遺言にその３名がサインをします。この遺言は、佐藤さんのサインが不要です。

　失敗は許されません。背中に緊張の汗が流れます。早速事務所に戻り、聞き取った内容をパソコン入力します。次の日、私を含め、証人３人で佐藤さんの病室にうかがいました。聞き取った遺言の内容をお伝えし、佐藤さんにも「その内容で間違いありません」と確認してもらい、証人３名が遺言書にサインをしました。

　その遺言は、すぐに裁判所に持ち込む必要があります。死亡危急遺言は、裁判所で「確認」という遺言を成立させる手続きが必要です。裁判所の担当者が緊迫した声で言いました。「佐藤さんはまだご存命ですか？！」

　「まだご存命です！」

　「では早速ご本人に面会して、遺言の内容を確認してきます！」

　裁判所の担当者は、すぐに本人に会い、程なくして裁判所の担

当者から連絡が来ました。
「遺言の確認がとれました」
これで死亡危急遺言の成立です。
その後、佐藤さんは３週間後に亡くなられました。亡くなる直前の病状を考えると、最後のチャンスだったのかもしれません。
そして、遺言に基づき、娘さんは経営権を引き継ぐことができました。甥に渡したい土地の名義変更も無事にできました。すべての手続きが無事完了した時、私もホッとしましたし、娘さんからも「つくってもらって良かった」と、とても喜ばれました。
法律は知っている人の味方です。「こんな方法がある」、と知っていればこそ対応できた典型的なケースでした。

本章のポイント

- 子供がいないご夫婦や、再婚者で前の配偶者との子供がいる場合などは、残された家族が相続手続で苦労しないために、遺言は有効。

- 自分の手書きで書く遺言（自筆証書遺言）なら、内容によっては５分で書ける。ただし、法的に有効かは専門家に確認を。

- 公正証書遺言は、時間と費用と証人２人が必要だが、確実性が高い。

- 公正証書遺言は、弁護士や司法書士を通さなくても公証役場でつくることができる。内容の吟味や、書類の収集、証人の用意が必要なら専門家に頼む価値はある。

第2部

今までの法律の不可能を可能にする「家族信託」って？

成年後見や遺言には、意外な盲点があることをご存じですか？

ところが家族信託を使うと、キレイに解決できることがあるのです。

成年後見や遺言では解決できない事例を通じて、家族信託とはどのようなものかをお伝えします。また、家族信託とは切っても切れない税金についても解説します。

1 今までの法律では解決できない？

　第1部では、成年後見・任意後見と遺言についてお話ししました。
　成年後見や任意後見は、認知症などで判断力がなくなった人の代わりに様々な判断をしてくれる人をつける制度です。一言でいうと、「代わりにハンコを押す人」をつける制度といえます。
　一方、遺言は、自分が遺した財産を大切な人に渡すために書き残すもの。遺言があれば、相続手続がスムーズです。

　ところが、成年後見や遺言では不便なところや解決できないこともあります。
　以下で、その事例を2つ紹介します。

1 認知症になると、空き家を売れない？

> **事例3**
> 　私たちには、80歳になる母がいます。最近、物忘れが頻繁で、認知症の症状が少し出始めているように感じています。
> 　母は一人暮らしで、私たちも近くに住んでいません。心配なので、母には施設に入所してもらうことになりました。
> 　今後、母が実家に戻ることがないようであれば、管理も大変ですので、実家を売却したいと思います。実家は母の名義

です。母の判断力がなくなると実家の売却ができなくなると聞きました。

どうすればよいでしょうか？

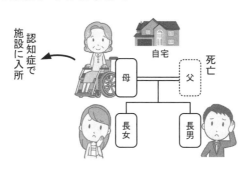

① お母さんが認知症になると実家は売れる？

　お母さんは、最近、認知症の症状が出始めたとのこと。このまま認知症になり、**判断力がなくなると、**空き家になった**実家を売ることはできなくなるかもしれません。**

　なぜ売ることができなくなるのでしょうか？

　理由として次の3つがあります。

・判断力がない人が押したハンコは無効であること
・子供でもあってもお母さんの代筆はできないこと
・成年後見人では、自宅の売却に制限があること

（ア）判断力がない人が押したハンコは無効

　自宅を売りに出し、買い手が見つかりました。売買契約書に署名して、ハンコを押します。それは誰でしょうか？　もちろん、実家の名義人であるお母さんですよね。

　しかし、そのときお母さんが認知症で判断力がなかったらどうでしょう。**お母さんが契約書にサインしてハンコを押しても、契約が無効になる可能性があります。**

　判断力がない人の代表例が幼い子供です。5歳の子供が、相続などで不動産の名義を得ました。不要な不動産で管理が大変なので、周りの大人は売却したいとします。そのとき、その5歳の子供に売買契約書にハンコを押させるでしょうか。そんなことは絶対にしないですよね。5歳の子供は判断できないですから、代わりに親権を持つ親がハンコを押します。

　認知症などで判断力がなくなった人の契約は、その5歳の子供と法律的には同じです。判断力がない人に不動産の売買の契約など、重要な契約をさせることはできません。仮に、契約書にハンコを押したとしても、その契約は無効になります。ですから、お母さんでは実家の売却の手続きができないのです。

（イ）お母さんの代わりに子供が代筆できる？

　小さい子供の親は、子供の代わりに契約書にサインできます。法律が認めているからです。しかし、判断力がなくなった親の子供は、親の代わりに契約書にサインできません。法律でそのような規定はないからです。法律では成人すると、自分でサインすることになります。

　ありそうなケースは、認知症になった親がサインできないので、その子供や配偶者などの家族が代筆することです。契約書に

子供が代筆でサインをして、お母さんのハンコを押します。そして権利証と印鑑証明書が用意できれば、買主に実家を売却する手続きができそうです。

大きい声では言えませんが、印鑑証明書はお母さんが認知症でも取得が可能です。印鑑カードがあれば、誰が市役所に行っても印鑑証明書を交付してくれます（ただし、実印の登録はお母さん本人でないとできません）。

お母さんの子供たち全員が納得しているなら、このやり方で実家を売却しても良さそうですが、このやり方はやはり問題です。そもそも、名義人のお母さんが売却してもよいとは一言も言っていません。お母さんの意思が確認できないのです。

また、自宅の名義を移す登記をするときは、通常、司法書士に頼みます。司法書士は専門家の責任として、必ず本人の確認をします。「お母さんに会わせてほしい」、と必ず言います（私も言います）。そのとき、お母さんが認知症で判断力がないことがわかると、司法書士は手続きを進めることはありません。本人（お母さん）の意思が確認できないからです。

したがって、お母さんが自分で手続きができないとなると、法的に「代わりにハンコを押す人」である成年後見人をつけるしかありません。

（ウ）成年後見人では、自宅の売却が難しい

成年後見人は、本人（お母さん）の代わりに様々な手続きをする人です。家庭裁判所が選任しますから、法的にも問題が生じません。お母さんの通帳からお金をおろす手続きや、年金などの手続きは、成年後見人が行えばスムーズに進められます。

しかし、成年後見人でも自宅を売る手続きは難しいのです。そ

れはなぜでしょうか？

　成年後見人が本人（お母さん）の**自宅を売却する場合、家庭裁判所の許可が必要**です。この許可には、「自宅をどうしても売却しなければいけない理由」が必要なのです。

　「施設や入院費用を出すためには家を売る必要がある」とか、「自宅の老朽化が激しく取り壊さないと周囲に危険が及ぶ」などの理由です。

　「空気の入れ換えや庭の草取りが大変」とか、「もう住むことがないのに固定資産税の支払いはもったいない」などの理由では、なかなか許可は下りません。もし、お母さんが回復したら自宅は帰る場所になるため、なかなか売却の許可をしてくれないのです。

　このように、自宅は名義人の判断力がなくなると、売却がとても難しくなります。

② 専門家が成年後見人になると…

　成年後見人には、7割が司法書士や弁護士、社会福祉士などの専門家がつきます。専門家は法律を厳格に適用する傾向がありますので、実家の売却に「Yes」と言うのは難しいと考えられます。つまり、家庭裁判所に許可を求める動きすらしてくれない可能性もあります。

　司法書士である私も、5人くらいの成年後見人をしています。司法書士としての本音ですが、家庭裁判所に目をつけられるような動きはしたくありません。それに、他にも様々な案件を抱えて忙しい中、許可が出るかもわからない今回のようなケースは、後回しにせざる得ないかもしれません。なかには、許可が出ない可能性が高いので、無駄な努力はしたくないとして、「自宅の売却

は基本的にはできません」と説明され、家庭裁判所から許可をもらう努力すらしてもらえないようなこともあり得ます。

③ 任意後見ではどうか？

　お母さんが事前に準備をせず、認知症になった後では、自宅の売却は難しいです。では、事前に任意後見をしていたらどうでしょうか？　任意後見人の権限に、自宅の売却も含めることができます。このようにしておけば、成年後見より自宅の売却が実現する可能性が高いといえます。
　しかし、これも確実ではありません。なぜなら任意後見では、任意後見監督人（監督人）がつきますので、監督人からストップがかかる可能性があるからです。監督人は家庭裁判所が選任しますが、通常、弁護士や司法書士が選任されます。そうすると、監督人は成年後見と同じような考えで判断し、自宅の売却に難色を示すかもしれません。もちろん、監督人によっては売却がスムーズにいく場合もありますが、監督人次第で状況が異なってきます。
　ですから、任意後見でも売却が進められるかは不確実です。

④ お母さんの意思を保存することができれば…

　お母さんが元気だったら、自宅が不要なら、自分の判断で売却するかもしれません。
　しかし、お母さんが認知症になると、途端に売却が難しくなります。
　仮に、お母さんが元気な頃、「私が施設に入って家に誰も住ま

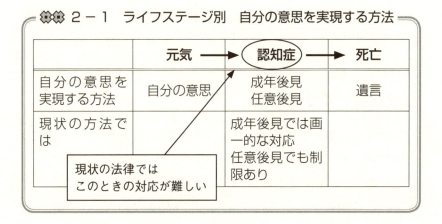

なくなったら、家を売ってください」と言っていたとします。

元気なうちは、自分の意思で手続きができます。亡くなった後は、遺言を残しておけば、意思を残しておくことができます。しかし、認知症などで判断力がなくなると、自分の意思を実現することが難しくなります。

これまでは、判断力がなくなったとき、自分の意思を実現する方法はありませんでした。まさに法律の「穴」ですね。

判断力がなくなっても自分の意思を保存し、実現する方法があれば、どんなにすばらしいでしょう。

ところが、2007年に、この「穴」を埋める法律ができました。それが「**家族信託**」です。

⑤ 意思を保存する「家族信託」

家族信託とはどのような制度なのでしょうか？

誤解を恐れずにいえば、**任意後見と遺言を合体させたような制度**です。しかも、成年後見や任意後見と違って、裁判所を通さず

設定できます。

「信託」という言葉が使われていますが、**投資信託とはまったく関係ありません**。投資や利益を求めるものではありません。**自分の財産を、自分が認知症になっても、自分が亡くなっても、自分の思ったように使えるようにするための制度**です。

信託銀行や信託会社も通しません。個人間でする信託です。小泉内閣の規制緩和の一環で、2007年から使えるようになりました。

詳しくは後で説明しますが、ここでは家族信託を使うと、お母さんの事例がどのように解決できるかお話しします。

お母さんの希望は、「自分が施設に入って自宅が空き家になったら、売ってもいい」というものでした。しかし、施設に入ったときは、通常、認知症などで判断力が低くなっているでしょうから、売却の契約ができません。また、成年後見人をつけても、自宅の売却は制限されています。さあ、困ったぞ、という状況です。

お母さんが、判断力があるうちに家族信託の設定をしておくと、これがキレイに解決します。

2-2（次ページ参照）のように、お母さんが娘に自宅を託す、家族信託の契約を結びます。内容は、「自宅が空き家になったら売ってください」というものです。

自宅の名義は形式的に娘に移りますが、自宅の財産的な部分（売ったら誰が代金を受け取れるか）はお母さんのままです。

お母さんが施設に入って、自宅が空き家になり、その後、自宅の買い手が見つかれば、**売買契約書にサインをするのは娘**です。お母さんは認知症になって判断力がなくなっていても大丈夫で

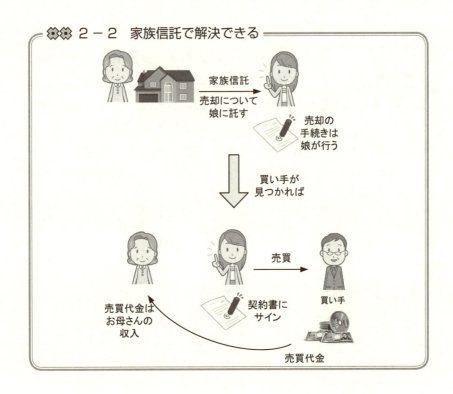

図2-2 家族信託で解決できる

す。すでに元気なうちに娘に託しているからです。裁判所の許可も不要です。**娘が1人で売買契約ができます。**

売買代金は、お母さんの収入になります。家族信託の契約で、**このお金も娘に管理してもらうことができます。**そうすれば、お母さんの施設の費用や入院費用なども、このお金から娘が支払うことができます。**銀行口座からお金をおろすために、成年後見人をつける必要もありません。**

これって、お母さんの意思を保存するのと同じですよね。**お母さんが元気なうちに、自分の気持ちを「家族信託」という形にして保存できます。**ですから、お母さんが認知症などになって判断

力がなくなっても、その気持ちが実現できるのです。

　成年後見人では、法律に基づいた運用しかできません。「本人のためにしか使えない」、「自宅の売却には裁判所の許可が必要」などです。人によって様々なニーズがあるでしょうが、画一的な対応しかできないのです。国民全員に適用される法律なので当然です。

　しかし、家族信託なら、お母さんが家族のために使ってほしいとか、自宅を売却してほしいといった、個人それぞれの考えや意思を実現できます。

⑥ お母さんが亡くなったら

　その後、お母さんが亡くなると、残ったお金は誰に行くのでしょうか？

　それも、家族信託の中で決めておくことができます。

　がんばってくれた娘さんにちょっと多めに渡してもよいかもしれませんね。

　「自分が亡くなったら、残ったお金は娘に7割、息子に3割の割合で渡します」など、家族信託の中で決めることができます。

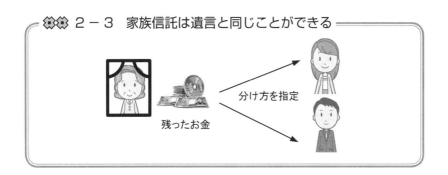

❀❀❀ 2-3　家族信託は遺言と同じことができる

残ったお金　分け方を指定

1　今までの法律では解決できない？

これって、遺言と同じですよね。**家族信託は遺言と同じことができるのです。**家族信託の中で、お母さんが亡くなったら信託した財産を誰に渡すかまで指定できるわけです。

ですから、信託した財産に関しては、遺言は不要です。

⑦ 備えあれば憂いなし

自宅の売却は、所有者が認知症になると難しいことはお伝えした通りです。

何も準備をしておかなければ成年後見になり、自宅の売却には、家庭裁判所の許可が必要となります。しかも、その許可はなかなか出ません。任意後見を事前に準備しておけば、売却ができる可能性は高まりますが、任意後見監督人の意向に左右されます。

一方で、家族信託ならキレイに解決できます。事前に信頼できる人に託しておけば、自分の判断力がなくなった後でも、自宅の売却が可能です。

事前に準備をするのは大変ですが、**「備えあれば憂いなし」**ですね。

本章のポイント

・認知症になった後、自宅の売却は難しい。自分では売却の手続きができないし、成年後見では裁判所の許可が、任意後見では任意後見監督人の意向に沿う必要があるため。

・家族信託を設定しておけば、問題なく自宅の売却も可能。

2 子供がいないと財産は誰に渡る？

> **事例 4**
>
> 　私は60代の男性です。親から受け継いだ土地があります。その土地は、人に貸しており、毎月賃料が入ってきます。年金も少なくなってきているので、私たち夫婦はその賃料を生活費の当てにしています。
> 　私たち夫婦には子供はいません。
> 　私が妻より先に亡くなったら、その土地は妻に相続してもらいたいので、そのような遺言をつくりました。しかし、その後、妻が亡くなると、妻の兄にその財産が渡ることになります。
> 　親から引き継いだ土地ですし、妻の親族に渡ることは防ぎたいです。
> 　何か良い方法はないでしょうか？
>
>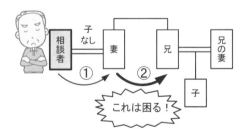

① 遺言では解決できない？

　子供がいない夫婦で、「夫が亡くなったら妻」「妻が亡くなったら夫」、という遺言を、お互いにつくっているケースはよくあります。

1　今までの法律では解決できない？　　39

しかし、この方法には重大な問題があります。

夫が先に亡くなり財産が妻に移った後、**妻が亡くなった場合**です。妻が亡くなった時は、夫はすでにいません。そうすると「夫に渡す」という妻の遺言は無効になり、妻のきょうだい（事例では兄）に財産が行くことになります。

もちろん、妻が「夫のきょうだいに渡す」という遺言をつくっておくこともできます。しかし、遺言はいつでも書き換えが可能です。前に紹介したように遺言は5分で書くことができます。

最初の遺言では「【夫】の妹に渡す」と書いてあり、後に書いた遺言では「【私】の兄に渡す」と書いてあったらどうなるのでしょう？ 遺言は後に書いたほうが有効です。ですから、相談者の希望を確実に実現する保証はできません。遺言はあくまでも、「書いた人」の最終の意思を実現させるものです。

② 2代先を指定する遺言は？

それでは、相談者が2代先まで指定する遺言を書いたらどうなるのでしょうか？

例えば、2-4（右ページ参照）のような遺言です。

残念ながら、**自分の次の次の代（2代先）に書いた記述は無効**です。遺言は自分の財産は誰に相続させるかを決めるものです。**人の財産については書くことができません。**

相談者が亡くなられて、財産が妻に渡りました。その財産を誰に渡すかを決めるのは妻です。姪に渡すには妻に遺言を書いてもらう必要があります。

このように、遺言で指定できるのは自分の次の代だけで、その次の代（2代先）やさらにそれ以降については指定できません。

※※ 2-4　2代先まで指定する遺言は有効か？

```
         遺言書

  私が亡くなったら、すべての
  財産は、妻に相続させる。        ➡ この部分は、有効
  その後、妻が亡くなったら、
  妻が私から相続した財産は、私      この部分は、無効
  の妹の子（姪）に相続させる。    ➡ 自分の財産ではな
                                    いため

  ○年○月○日
  山田辰雄　印
```

※※ 2-5　2代先まで指定する遺言は無効

夫の遺言では、妻が亡くなったとき誰に渡すかは指定できない

③ 養子縁組という方法も…

もちろん、奥さんと姪が養子縁組をする方法もあります。そうすれば、姪は妻の相続人になります。

しかし、どうでしょう。

成人した者同士が、相談者の財産の相続権のために養子縁組を

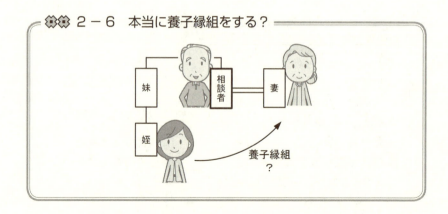

2-6 本当に養子縁組をする？

するというのは、ためらうのではないでしょうか？

奥さんからは、「そんなに私のことが信じられないの？」と気分を害されるかもしれません。姪も、自分の義理の伯母と縁組みすることには抵抗を示すかもしれません。姪の親（相談者の妹）からも、縁組みに理解をしてもらう必要があるでしょう。

確かに養子縁組という方法は1つの解決方法ですが、相談者の意思では決められず、ハードルも高いといえるでしょう。

④ 家族信託なら解決できる

今回の事例も家族信託なら、キレイに解決できます。

家族信託を設定すれば、自分の意思で、財産を引き継ぐ人を①自分が亡くなったら妻、②妻が亡くなったら姪、と指定できるからです。

家族信託は個人間で行う信託です。信託銀行を通す必要はありません。「信託」の文字が名前についていますが、投資のことではありません。投資信託ともまったく関係ありません。

大切な財産を信用できる人に託して、自分が望むように管理し

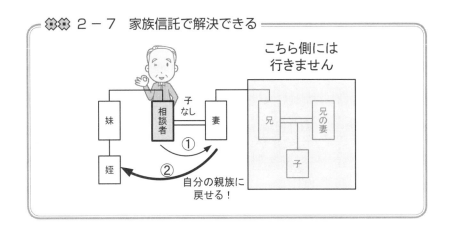

てもらい、自分が望む人に何代も先まで引き継いでもらうことができる制度です。

今回の不動産について一番大事なことは、人に貸している土地の地代を誰が受け取れるかでしょう。

今は、相談者が地代を受け取り、夫婦の生活費にしています。**家族信託をしておけば、相談者が亡くなったら、その後、地代は妻が受け取るようにできます。その後、妻が亡くなったら、地代は姪が受け取るようにすることができます。しかもその内容が登記されるため、確実です。**今回の不動産については遺言も不要です。もし遺言があったとしても、家族信託のほうが優先されることになります。

⑤ 信託で姪に管理を託す

今回の事例では、先祖代々の土地があり、その土地の地代を
自分 ⇒ 妻 ⇒ 姪

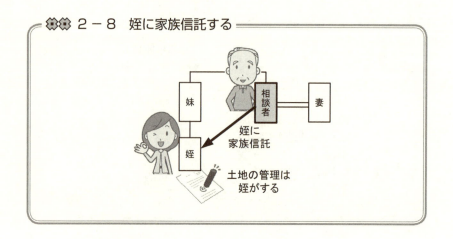

図 2-8 姪に家族信託する

という順番で受け取れるようにするのが、最大のポイントです。

そのために、**相談者から姪に土地を「信託」**します。土地の名義は形式的に姪に移ります。土地の管理は、今後は姪がすることになります。例えば、賃貸借の更新契約をするとき、貸し主として姪が契約書にサインします。賃料も姪が請求をします。

ですから、相談者が認知症になって判断力がなくなっても、しっかり管理されます。

一方で、地代は今後も相談者が受け取ります。そして、相談者が亡くなると妻、妻が亡くなると姪が地代を受け取るようになります。相談者と妻の両方が亡くなったら、信託を終了させればよいでしょう。これらの内容はすべて登記されます。

⑥ 信託は名義が移る　その理由は？

信託すると、名義が形式的ですが、姪に移ります。

名義が相談者のままだと、相談者が亡くなったとき、相続の手続きが必要になります。しかし、名義は形式的には姪に移ってい

ますので相続手続は不要です。賃料を受け取る人が夫から妻に移る手続きをするだけです。これも相続で移るわけではなく、信託の契約によって移ります。ですから、相続人からのハンコも不要です。

では、万一、姪が亡くなったらどうなるのでしょうか？

この場合も相続手続とはなりません。信託契約では、通常、姪が亡くなるという不測の事態も対処しておきますので、姪の次の管理者が引き続き土地を管理することになります。ですから、姪の子供や親族に、土地が相続されることはありません。

このように、**姪に名義が移りますが、あくまで管理者としての名義**です。登記簿には「信託」で名義が移ったと記録されます。

賃料を受け取っている人が亡くなっても、相続の手続きは不要ですし、土地を託され管理している人が亡くなっても、相続手続は不要です。どちらが亡くなっても相続にはなりません。信託をすれば、相続とは別に扱うことが可能になるわけです。

本章のポイント

・遺言では、自分の次の代までしか決められない。

・配偶者に遺言を書いていてもらっても、遺言はいつでも書き換え可能である。

・家族信託なら、自分の次、さらに次、と何代にもわたって財産を引き継ぐ人を、自分で決められる。

1 今までの法律では解決できない？

2 家族信託とは？

　前章では、2つの事例を通じて、これまでの法律では解決できないことが、家族信託なら解決できることをお話ししました。
　この章では、「家族信託とはどのような制度（法律）なのか」をご説明したいと思います。

1 家族信託を一言で説明すると…

　家族信託は、「信託」と名前がついているため、難しく感じられかもしれませんね。
　実は、とても単純に考えることができます。信託を一言でいえば、次のような契約※です。

> 【私】の財産を、【あなた】に託します。
> だから、【あの人】のことを頼みます。

※　遺言などでも設定可能ですが、通常は契約で設定します。

　2-9（右ページ参照）のように、自分が持っている不動産やお金などを、信用できる人に託します。託された人は、その財産をしっかり管理します。管理方針によっては、売却や、人に貸す、担保の設定などの処分も可能です。そして、託した財産から出る利益を自分が望む人に受けてもらいます。
　利益といっても、投資による運用ではありません。賃貸不動産

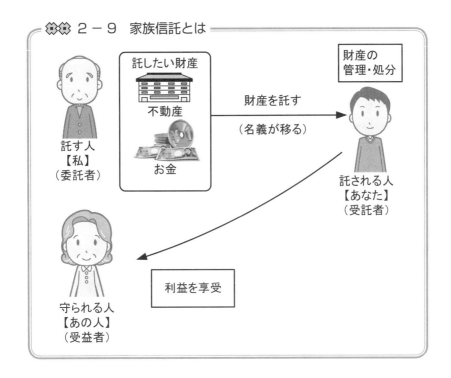

図2-9 家族信託とは

を託したなら「賃料」、自宅を託したなら「安心して住めること」です。投資的な運用をするということではなく、しっかり管理してもらうということです。

① 空き家になったら売却したいという事例では

【事例3】（28ページ参照）の、「施設に入ったら自宅を売却したい」というお母さんの家族信託の事例で考えてみましょう。

お母さんが元気なうちに自宅を娘に託します。お母さんが施設に入って空き家になったら、自宅の売却は娘が行います。売却したお金はお母さんの所得になります。これを前述の一言に当ては

めると、こんな感じになります。

> 【私】（お母さん）の自宅を、【あなた】（娘）に託します。
> だから、【私】のことを頼みます。
> 空き家になったら家を売ってくださいね。

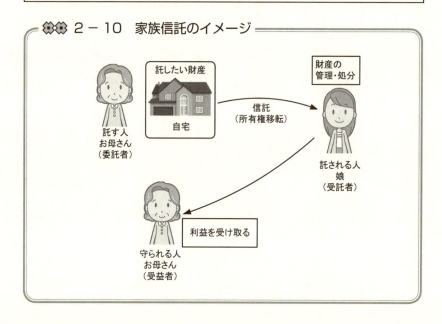

❋❋❋ 2－10　家族信託のイメージ

「私が認知症になっても、自宅を私（お母さん）のために、ちゃんと売ってくださいね」と、娘に頼むイメージです。売ったお金は、お母さんの収入になります。

② 子のいない夫婦の事例では

【事例４】（39ページ参照）の、子供がいない夫婦で、財産の行く末を心配されていたご主人の家族信託の事例で考えてみま

しょう。

　親から受け継いだ土地を、自分の姪に託します。地代はこれまで通りご主人が受け取ります。ご主人が亡くなったら、奥さんが地代をもらえるようにして、奥さんの収入を確保します。その後、奥さんも亡くなると、土地は姪のものになります。

　これを前述の一言に当てはめると、こんな感じになります。

【私】（ご主人）の土地を、【あなた】（姪）に託します。
最初は【私】のことを頼みます。次は【妻】のことを頼みます。
最後にこの土地は【あなた】（姪）に差し上げます。

　地代をもらえる人を、相談者の意思で２代先（自分→妻→姪）まで決める契約です。このようなことは、遺言では絶対に不可能でした。しかし、家族信託では、契約書とその内容を不動産登記

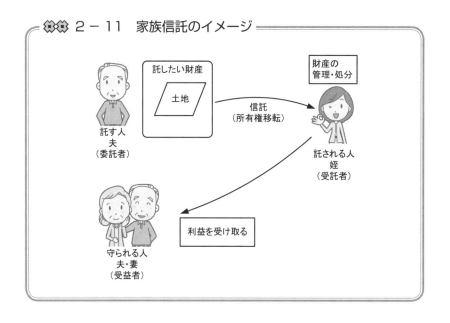

※※※ ２－11　家族信託のイメージ

することで実現できます。

このように、家族信託は、財産を誰かに託し、大切な人（自分も含む）を守ってもらう仕組みだといえます。

COLUMN　世界で最初の信託

　世界で最初にされた信託はどのようなものだったのでしょう？
　信託は、中世の十字軍のとき、イギリスで使われ始めたといわれています。イギリスなどヨーロッパの兵士からなる十字軍は、聖地エルサレムの奪還を目指します。イギリスから、エルサレムまでは少なくとも 6,000 km の行程。1 日 30 km 進んでも、片道で 200 日、往復で 400 日かかります。途中の食料はどうするのか。病気にならないか。さらに現地では戦争もしなければならない。愛する妻や子を置いて、帰ってくるのは何年も先です。大きなケガをするかもしれないし、生きて帰って来られないかもしれない。とにかく不安だらけだったでしょう。
　兵士は、自分の領地からの収穫で家族を養っています。自分が留守の間、家族の生活が心配です。万一、自分が亡くなっても家族が困らないようにしておきたい。
　そこでその兵士は信用できる友人に頼みます。

> 友よ、私は戦争に行く。
> 【私】の領地を【君】に託すから、【家族】を頼む。

　十字軍でエルサレムを目指す兵士が、信用できる友人に領地を託し、家族を守ってもらう。切なる願いが込められていたのでしょうね。
　このように最初の信託は、財産を信用できる人に託し、家族を守ってもらうためのものでした。投資を目的としたものではな

かったのです。投資信託は、投資を目的としており、信託の本来の形ではないといえるかもしれません。

　十字軍の後、信託は様々な形で発展しました。投資を目的とした投資信託が登場する一方で、家族を守るための家族信託（Living Trust 生前信託）はアメリカで発展しました。

　日本では、法律上の規制で、信託には信託会社の関与がないと困難でした。そのため、これまでは、信託会社を通さない個人間の信託ができなかったのです。しかし、2007年に信託に関する法律が改正され、個人間の信託（家族信託）ができるようになりました。小泉内閣（2001年〜2006年）の規制緩和の一環です。

2 家族信託の登場人物

　家族信託は次のような契約でした。

> 【私】の財産を【あなた】に託します。だから【あの人】を頼みます。

　【私】、【あなた】、【あの人】。このように信託には3人の登場人物がいます。

【私】	委託者	託す人	財産を信用できる人に託す
【あなた】	受託者	託される人	財産を託され、管理していく
【あの人】	受益者	守られる人	託された財産から、利益を受ける

2　家族信託とは？　51

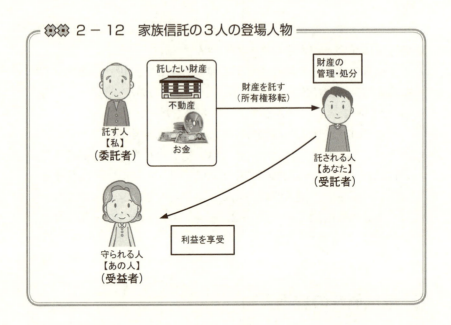

図 2-12 家族信託の3人の登場人物

　【私】は、財産を託す人です。財産を**託**す、**委任**するので「委託者」といいます。もともとの財産の所有者です。委託者が信用できる人に財産を託し、大切な人を守ってもらいます。

　【あなた】は、財産を託される人です。財産を**託**されることを**受任**するので「受託者」といいます。委託者から信用されている人ですね。受託者が財産を管理（場合によっては処分）して、委託者の大切な人を守ります。

　【あの人】は、守られる人です。信託された財産から利**益**を**受**ける人ですので、「受益者」といいます。

　信託を設定した時点では、委託者が受益者になることがほとんどです。

　アパートを信託すれば、受益者は賃料を受け取ることができ、自宅を信託すれば、受益者は住み続けることができます。

受益者を守りたい理由はそれぞれです。大切な家族だから、というだけでなく、高齢で認知症が心配だから、小さい子供だから、障がいがあるから、病気があるから、など様々な事情があるでしょう。

「【私】の財産を【あなた】に託します。だから【あの人】を頼みます。」

自分が、病気になっても、認知症になっても、亡くなっても、大切な【あの人】を守りたい。家族信託は、大切な人のための愛情が込められたメッセージです。

３ 信託すると所有権の形が変わる

① 管理権限と利益を得る権利

あなたがアパートの大家になったと仮定します。親から相続した土地にアパートを建てました。

入居者募集を始めたら、すぐにアパートの入居者が決まりました。そのとき、賃貸の契約書にハンコを押すのは誰でしょう？ もちろんアパートのオーナーであるあなたです。

その後、アパートには入居者が次々と集まり、アパート経営は順調でした。

さらに10年ほど経ち、周りには新築アパートが多く立ち始め、自分のアパートは空室がちらほら出るようになりました。新築アパートに対抗するために外壁を新しくしたい。そのとき外壁工事の契約書にハンコを押す人は誰でしょう？ こちらもオーナーのあなたです。

その後、さらに時は流れます。アパートも古くなったので、取

り壊して土地を売却しようと考えました。そのとき売買契約書に押印する人は？　もちろんオーナーのあなたです。

　このように、**アパートを所有している人は、アパートを管理・処分する権限を持っています**。つまり「ハンコの権限」です。

　また、入居者が決まり、入居者が敷金・礼金を支払いますが、それは誰が受け取るでしょう？　もちろんオーナーのあなたです。
　入居者が今月の家賃を持ってきました。その家賃は誰が受け取るでしょうか？　これもオーナーのあなたです。
　アパートを売却しました。売却代金をもらえるのは誰でしょう？　もちろんオーナーのあなたが受け取ります。
　このように、**アパートを所有している人は、アパートから生じた利益を受け取る権利を持っています**。つまり「お金の権利」です。

　財産が自宅の場合も、同じように考えられます。この場合、「住む権利＝お金の権利」といえます。
　「ハンコの権限」と「お金の権利」。これは、どのような財産にも当てはまります。所有者は「ハンコの権限」と「お金の権利」

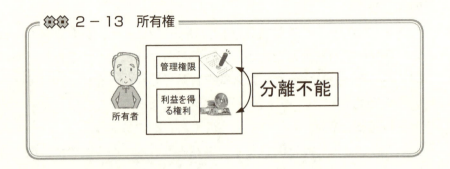

2-13　所有権

を持っています。これらは分離できません。ものを所有する権利・権限を「所有権」といいます（ここでは法律の教科書ではありませんので、わかりやすく説明しています）。

② 所有権の問題点

　ところが、この「所有権」には、困ったことがときどき起こります。

　先ほどのアパートの大家の例でいえば、最近、空室が目立ってきたので、アパートの外壁工事をしたいとして、外壁工事の契約をするときです。アパートの大家であるあなたがすることになりますが、あなたが認知症になった場合、契約書にハンコが押せません。成年後見人をつけても難しいです。成年後見人ができるのは「現状維持」で、アパートの工事には、投資的な要素があるからです。家庭裁判所からはストップがかかるかもしれません。

　あなたはハンコが押せない。このままではいつまで経ってもアパートは空室のままです。ハンコの権限を誰かに渡しておくことができたら…。

　あなたは、福祉施設に入ることにしました。施設に入るので毎月利用料がかかります。そのとき、アパートの空室に入居希望者が来ました。ラッキーです。さて、あなたは賃貸借の契約書にハンコが押すことができるでしょうか？

　認知症の人は押せません。このケースなら成年後見人が代わりにハンコを押せます。しかし、成年後見人をつけるには家庭裁判所に申立てが必要です。準備から審査まで考えると、最低でも1か月はかかるでしょう。その間に入居希望者は別の物件に入って

2　家族信託とは？　　55

しまいました。
　ハンコの権限を誰かに譲っておくことができたら…。

　大家のあなたが亡くなりました（事例での説明なのでご容赦ください）。残された家族はアパートを売却したいとして、幸い買い手もすぐ見つかりました。ところが、相続人の1人が音信不通でどこにいるかもわかりません。売却には相続手続が必要で、相続手続には相続人全員のハンコが必要です。行方不明の人の代わりにハンコを押す人（「不在者財産管理人」といいます）を裁判所に立ててもらう必要があります。しかし、その手続きも準備と審査で2、3か月はかかるでしょう。その間に買い手は別な物件を買ってしまいました。
　名義人が亡くなっても、別な人がハンコの権限を持っていて、売買契約書にハンコを押せたら…。

　このように、現状の所有権はハンコの権限とお金の権利が一緒にありますので、所有者が認知症になったり亡くなったりしたときに不都合が生じます。
　賃料はもらい続けたい。でも認知症になれば、ハンコは押せなくなります。
　所有者が亡くなれば、相続手続が必要です。相続手続が終わるまでは、誰もその物件に関してはハンコが押せません。相続手続には、遺言がなければ相続人全員の実印と印鑑証明書が必要です。そのため、相続人の間でトラブルになっていたり、相続人に行方不明の人や、未成年者、判断力がない人がいたりすると、相続手続にとても時間がかかります。

現状の所有権は、「ハンコの権限」と「お金の権利」を分けることができないため、いざというときにとても不便なのです。

③「ハンコの権限」と「お金の権利」を分けられる家族信託

ところが、家族信託を使うと、「ハンコの権限」（管理・処分する権限）と「お金の権利」（利益を得る権利）を分けることができます。

自分の子供にアパートを信託したケースで考えましょう。

信託すると「ハンコの権限」が法的に自分の子供に移ります。入居を希望される人との賃貸借契約書には、オーナーではなく子供がハンコを押します。アパートの修繕も、子供が業者に依頼します。売却するときも、売買契約書には子供がハンコを押します。

このように、アパートの事務手続に関しては、子供がすることになります。アパートについては、オーナーが認知症になっても成年後見人は不要です。また、オーナーが亡くなっても相続手続は不要です。さらに、子供に万一のことがあっても、信託契約の中で、次にハンコの権限を持つ人を決めておくことができます。

一方で、賃料をもらえるなどの**「お金の権利」は自分が指定した人に渡すことができます**。最初は自分（オーナー）が賃料を受け取ります。自分が亡くなると、賃料を受け取る権利は妻、その次は子供、さらにその次は孫というように何代にもわたって指定できます。

このように、賃料を受け取ったり、売却したときに代金を受け取ったりできる権利である「お金の権利」は、自分の指定した人に自由に渡すことができます。アパートや貸地などの収益を生む

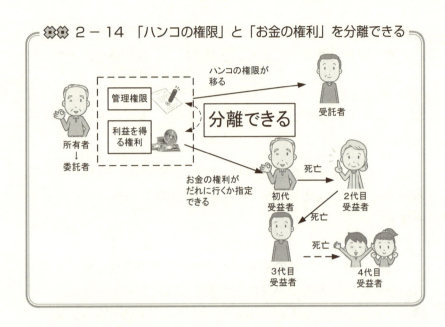

2-14 「ハンコの権限」と「お金の権利」を分離できる

財産を持っている場合、この収益を受け取る権利を誰に渡すかはとても重要です。

　少しだけ法律の用語を使って説明します。難しかったらこの部分は読み飛ばしていただいてかまいません。

　アパートのオーナーであるお父さんは、委託者となります。アパートを託される子供は受託者となります。「ハンコの権限」はこの受託者である子供に移ります。アパートの賃料をもらう権利（お金の権利）は、受益者であるお父さんがそのまま持ちます。この「お金の権利」のことを「受益権」といいます。この受益権を、最初はお父さん、その次はお母さん、その次は子供、最後には孫、と誰に引き継がせるかあらかじめ決めることができます。

　家族信託を使えば、お金の権利である「受益権」を誰に引き継がせるか、別な言い方では「受益者」を誰にするかを、もともとのオーナーであるお父さんが何代も先まで指定できます。

このように、家族信託を設定すると、「ハンコの権限」と「お金の権利」を分離できます。「ハンコの権限」は受託者、「お金の権利」は受益者、と別々の人に渡すことができるのです。管理は頼れる人に任せて、収益は自分が意図した人に渡せるということです。しかも、何世代にもわたってです。

このようなことは、今までの法律では、絶対に不可能でした。ところが、信託（家族信託）なら簡単に実現できるのです。

COLUMN 「隠居」と「家督相続」が復活？

家族信託でアパートの管理を子供に託す時、オーナーはこのように言うかもしれませんね。

「私も年になったから、アパート経営はおまえ（子供）に任せた」

これは、日本に昔からあったある制度に似ていますよね。そうです。「隠居」です。高齢になった自分は一線から退いて、子供たちに任せる。アパート経営は、いつまでも自分ができるわけではないので、あるタイミングで子供に任せれば、子供も成長するだろうと考えます。自分が元気なうちはいつでも助け船は出せますし、そのうちに子供も成長すれば、自分が認知症になっても、亡くなっても、立派に成長した子供がアパートを経営することができるようになるでしょう。

それから、家族信託は、財産から生じる利益（アパートなら賃料）を誰が受け取るかを何世代にもわたって指定できます。自分が亡くなったら妻、妻が亡くなったら子、子が亡くなったら孫、という具合です。これってはじめから引き継ぐ人が決まっている「家督相続」のようなものです。昔の日本では、基本的に、長男が財産を引き継ぎました。長男は財産を引き継ぐ代わりに家族を代表し、他の者の面倒を見たわけです。つまり、長男は生まれた

時から後継ぎと決まっていました。誰が財産を引き継ぐかがあらかじめ決まっているという意味では、家族信託はまさに家督相続と同じ機能があります。

戦後民法が改正されて、隠居と家督相続の制度がなくなりました。しかし、2007年に信託法が改正され、アメリカで発展している家族信託ができるようになりました。

家族信託の本質は、財産を信頼できる人に任せ（隠居）、利益を何代にもわたって引き継がせる（家督相続）ことでしょう。戦争で負けて隠居と家督相続の制度がなくなりましたが、その後、アメリカの制度をとり入れる形で復活するとは、何とも興味深い話ですね。

本章のポイント

- 家族信託は、「私の財産をあなたに託します。だからあの人のことを頼みます」という内容の契約。

- 家族信託の主な登場人物は、財産を託す「委託者」、財産を託される「受託者」、利益を受ける「受益者」。

- 家族信託をすることにより、「ハンコの権限」と「お金の権利」を分けられる。

- ハンコの権限を信頼できる人に渡すことにより、大切な人が「お金の権利」を享受できる。

3 家族信託と税金

　家族信託をすると、税金はどうなるのでしょうか。ここでは、家族信託をすると、「どんなときにどんな税金がかかるか（かからないか）」について、概要をお話ししたいと思います。

※　税金については細かい例外的な規定や様々な特例があります。細かい部分まで説明すると、大変わかりにくくなりますので、ここでは全体像や一般論をお話しするにとどめます。
　具体的な内容については、税理士や税務当局に確認することを強くお勧めします。

1 贈与税と相続税（財産が無償で移転するときに課税される税金）

　財産の持ち主が生前に無償で財産を渡すことを「生前贈与」、持ち主が亡くなって相続人に財産が渡ることを「相続」といいます。
　このとき、受け取った人には「ハンコの権限」と「お金の権利」が、一緒に移ります。これが所有権の特徴です。
　生前贈与では、もらった人に贈与税がかかります。相続で財産を受け取れば、相続税がかかります。贈与税や相続税は、対価なく財産的価値が移転すると課税されます。これが基本です。

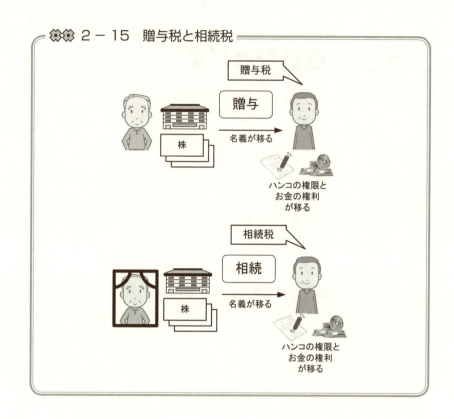

では、家族信託をすると、どうなるのでしょうか？
ポイントは1つです。
「お金の権利（受益権）が、適切な対価なしに移ったときに課税される」
贈与税と相続税は、これがポイントです。

家族信託の特徴は、管理・処分する「ハンコの権限」と、お金をもらえる権利である「お金の権利」（受益権）を分けて渡せることです。
2－16（右ページ参照）のように家族信託をして、親から子

にハンコの権限だけを渡し、お金の権利（受益権）は自分にとどめていた場合ではどうなるでしょうか？

　先に述べた通り、贈与税や相続税はお金の権利である「受益権」が誰にあるかで考えます。**受益権を持っている人を、税金を考えるうえでの所有者**とみなします。信託して、ハンコの権限を子供に移しても、お金の権利である「受益権」はお父さんのままです。受益権は誰にも移っていません。この場合、贈与税や相続税を考えるうえでは、所有者が移ったと考えません。つまり、**今回の家族信託を設定しただけでは、贈与税や相続税はかかりません。**

　その代わり、受益権が移ると、相続税や贈与税がかかることになります（次ページ２－17参照）。

　お父さんが生前に受益権を子供に渡すと、子供に贈与税がかかります。お父さんが亡くなって受益権が子供に移ると、子供に相続税がかかります。税金の計算方法は、通常の生前贈与や相続のときと同じです。

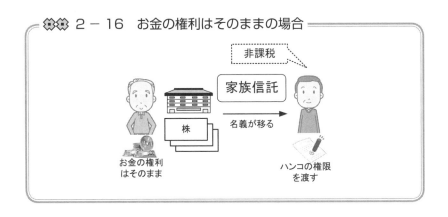

２－16　お金の権利はそのままの場合

3　家族信託と税金

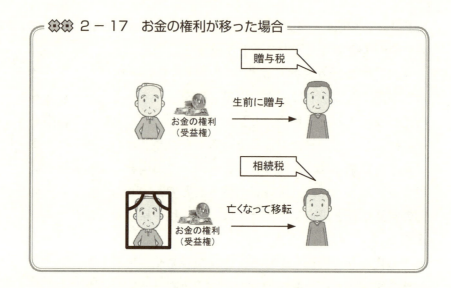

図2-17 お金の権利が移った場合

このように、家族信託を設定した場合、贈与税や相続税については、名義が移ったかは関係なく、お金の権利である受益権が移ったかが課税のポイントです。

2 譲渡所得税（財産を売ったときにかかる税金）

バブルのとき、こんな話を聞くことがありました。
「3,000万円で買った土地が5,000万円で売れた。2,000万円儲かった」
「150万円で買った上場株が倍の300万円で売れた。150万円儲かった」
儲かったこの人。この人には、税金がかかるのでしょうか？
答えは、「かかる」ですよね。
財産を売却して、利益が出れば、その利益に税金が課税されます。これを「譲渡所得税」といいます。

一方、バブルがはじけた後は、こんな話もよく聞いたのではないでしょうか。

「5,000万円で買った土地が、3,000万円にしかならなかった。2,000万円損した」

「300万円で買った上場株が半値になって150万円にしかならなかった。150万円損した」

損したこの人。この人には、税金がかかるのでしょうか？

答えは、「かからない」ですよね。

財産を売却して損が出れば、売主が払う譲渡所得税はありません。

譲渡所得税とは、財産を売った「利益」にかかる税金です。

利益とは、不動産の売買なら、売却代金から、購入費用や、仲介料など売却のために必要な経費、認められる控除を差し引いたものです。利益が出ると、その利益に課税されます。購入費用や経費より、売却価格のほうが低ければ課税されません（次ページ２－18参照）。

自宅を売ったときは、一定の要件の下に3,000万円を所得から差し引くことができますので、譲渡所得税がかからないことが多いです。

では、信託した場合はどうなるのでしょうか？

信託すると、売却できるものが２つあります。１つは物件そのもの、もう１つはお金の権利である受益権です。

物件そのものを売った場合、お金の権利は買主に移転しますから、譲渡所得税の対象となります（67ページ２－19参照）。信託はそのままで、受益権だけを売買したときも譲渡所得税の対象となります（68ページ２－20参照）。

3　家族信託と税金　65

図2-18 譲渡所得税が課税されるケースとされないケース

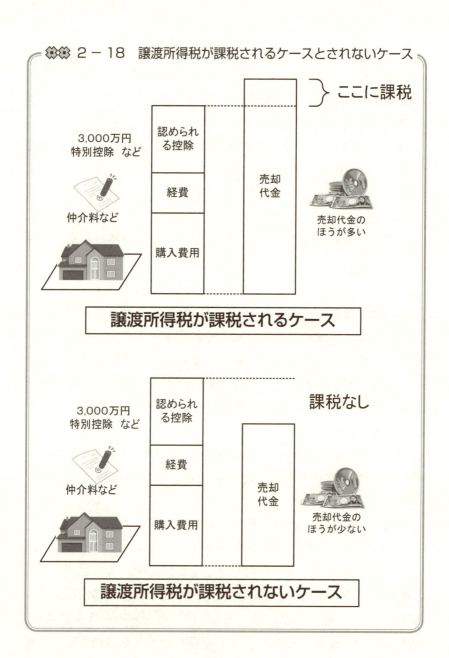

2-19 信託した不動産を売却した場合の課税

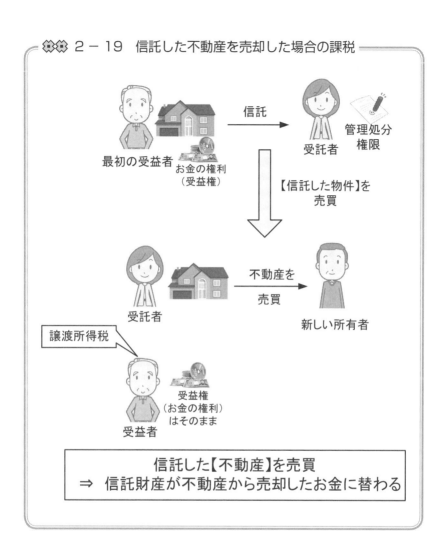

3 家族信託と税金

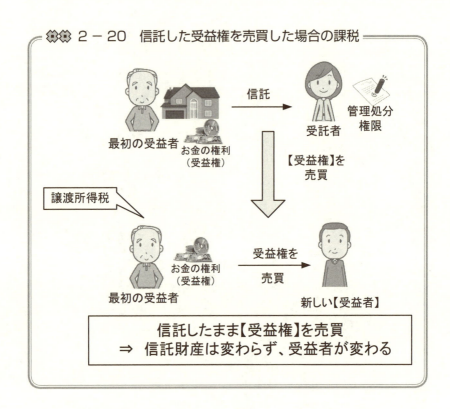

2-20 信託した受益権を売買した場合の課税

信託したまま【受益権】を売買
⇒ 信託財産は変わらず、受益者が変わる

　不動産を信託して、不動産自体を売却した場合も、受益権を売却した場合も、評価方法や税金の計算方法は変わりません。譲渡所得税がかかるかどうかは、利益が出たかどうかです。**自宅を売却した場合なら、3,000万円を所得から差し引くことができる特例も利用できます。**

　変わることといえば、売買の対象が、財産そのものとお金の権利である受益権の2つがある点です。

3 所得税(収益に対してかかる税金)

　給料や不動産の賃料収入にかかる税金です。譲渡所得税は、財産を売却して利益が出るときにかかる税金で、一度払うと終わりです。所得税は、給料や賃料収入など継続的な所得（収益）がある限り、払う必要があります。毎年、年末調整や確定申告をしていますね。
　アパートを信託した場合で考えてみましょう。
　受け取った賃料などの収益に対する所得税は、受益者に課税されます。つまり、これまでと何も変わりません。
　アパートを信託すると名義が受託者（管理する人）に移り、その後は、受託者が大家さんの仕事をすることになります。
　入居者は、賃料を受託者に払います。ところが、お金の権利（受益権）はもともとのオーナーが持ったままです。支払われた賃料は、最終的には受益者であるもともとのオーナーに行きます。ですから、賃料に対する所得税は、受益者であるもともとの

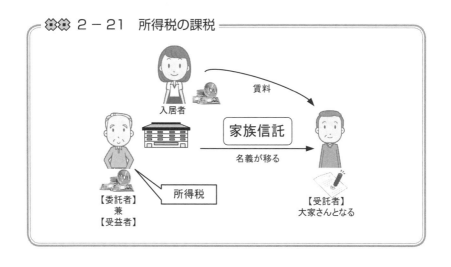

2-21　所得税の課税

オーナーにかかるというわけです。

このように、所得税に関しても、実際の名義人ではなく、お金の権利を持つ受益者に課税されます。

株を信託した場合の配当や、特許権を信託した場合のライセンスからのロイヤリティなどからの所得も、受益者に課税されます。

アパートの経営には、固定資産税、修繕費、入居募集のときの仲介手数料など様々な経費がかかります。これらは賃料の中から、受託者が支払うことになりますが、もちろん経費になります。

信託しても所得税に関しては基本的には変わりません。

変わる部分は、信託した財産からの所得と他の所得の損益通算ができなくなる点です。詳しくは第4部の❶で説明します。

4 不動産取得税（不動産を取得するとかかる税金）

不動産取得税とは、不動産を取得するとかかる税金です。家や土地を買うと買った人にかかり、家や土地をもらうともらった人にかかるものです。相続で不動産が移った場合はかかりません。

不動産の名義の変更の登記をすると、数か月後に都道府県の税務事務所より不動産取得後の納税に関する通知が来ます。

不動産を家族信託すると、委託者から受託者に不動産名義の変更の登記をしますが、**家族信託で名義が移った場合、不動産取得税**について、都道府県の税務事務所より通知は来ますが、信託であることを説明すれば課税されません。また、お金の権利である**受益権**が、売買、贈与、相続等で別な人に移っても、**不動産取得税は課税されません**。受益権は不動産そのものではありませんので、不動産取得税の対象ではないからです。

しかし、信託の終了時には、原則、不動産取得税がかかります。

2-22 不動産取得税はいつかかる？

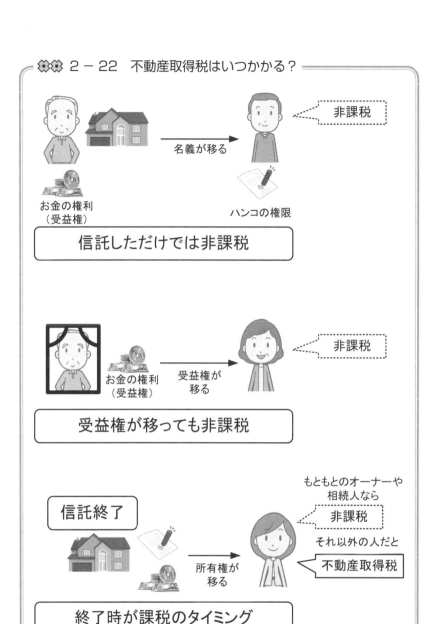

「原則」といったのは、かからないことがあるからです。例えば、信託が終了して、もともとのオーナー（委託者）の相続人が不動産を取得した場合はかかりません。信託していない不動産を相続で取得した場合、不動産取得税はかからないのと同じです。

それから、信託が終了して、もともとのオーナー（委託者）に不動産が戻った場合もかかりません。ですから、**不動産取得税がかかるか、かからないかは、信託していない場合と同じ**といえるでしょう。

5 固定資産税（不動産の名義人に毎年かかる税金）

固定資産税は、不動産の名義人に課税されます。

信託して名義が移ると、その名義人（受託者）に固定資産税が課税されます。

固定資産税は少し気をつけたほうがいいかもしれません。

父から息子に不動産を信託した場合で考えましょう。

父が息子に、自分の不動産を信託します。ハンコの権限は息子

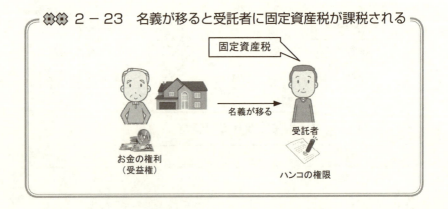

2-23 名義が移ると受託者に固定資産税が課税される

に移ります。息子は受託者として、父のために不動産を管理していくことになります。言い方を変えれば、ちょっとした仕事をしなければならなくなるわけです。ところが、次の年になると、固定資産税の納税通知も、息子の元に届くことになります。不動産の管理をしなければいけないうえに、固定資産税も払わなければいけなくなります。仕事をしてお金を払わされるわけです。これでは息子は納得できないでしょう。

固定資産税は、受託者である息子に届きますが、受益者である父が負担すべきです。税務的にも受益者が負担しても問題ありません。アパートなどの収益不動産であれば、経費にもできます。

ですから、不動産を信託する場合、あらかじめ「固定資産税はあなた（受託者）に納税通知が届くけど、私（もともとのオーナー）が払うから大丈夫」と約束しておけば（信託契約書に記載しておけば）、不動産を託される受託者も無用な心配をしなくてよいでしょう。

6 登録免許税（不動産の登記をするときにかかる税金）

家を買ったら、その家の名義を自分にしますよね。不動産の名義を変更する場合は「登記」をします。登記は、不動産を買ったときの他に、贈与、相続などによる名義の変更、お金を借りたときの銀行の担保の設定の場合など色々あります。不動産を信託した場合も登記をします。

登記をするときは、「登録免許税」という税金を国に納めます。信託をする場合も登録免許税はかかるのですが、売買や贈与のときと比べて5分の1程度に抑えられています。受益者を変更

するときは、不動産1個について1,000円です。

その代わり、信託の終了時に、もともとのオーナーの相続人以外に不動産が渡る場合は、贈与と同程度かかります。もともとのオーナーの相続人に不動産が帰属するときは、贈与の5分の1程度の税率です。

登録免許税については、信託を設定する時や変更する時より、むしろ信託が終わる時に多くかかるかもしれません。

7 税金の優遇制度は適用可能？

税金には様々な優遇制度があります。
・居住用不動産の夫婦間贈与
・相続時精算課税
・相続税における小規模宅地の特例
・居住用不動産を売却した場合の3,000万円の特別控除
これらの制度は信託してもそのまま適用可能です。

① 居住用不動産の夫婦間贈与

居住用不動産の夫婦間贈与は、結婚して20年以上経つ夫婦の間で、マイホームそのものやマイホームを買うお金を贈与しても2,000万円までなら贈与税はかけませんよ、という制度です。

お父さん名義の自宅を息子に家族信託すると、名義は息子に移ります。受益権（この場合は「住む権利」）はお父さんのままです。ここで、**受益権を妻である母に贈与することもできます。20年以上夫婦であれば、夫婦間贈与の適用を受けることができ、2,000万円までは贈与税がかかりません。**

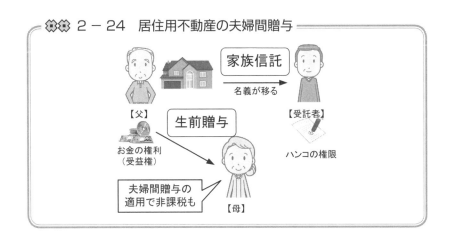

図2－24　居住用不動産の夫婦間贈与

② 相続時精算課税

　相続時精算課税とは、一定の年齢以上の親から子や孫への生前贈与については、相続のときに相続税で精算しようという制度です。贈与したものが2,500万円までの価値のものであれば、とりあえず贈与税は払わなくて済みます（相続のとき相続税で精算されます）。

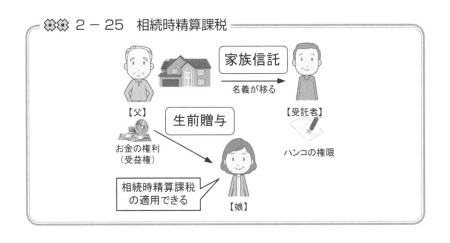

図2－25　相続時精算課税

お父さん名義の自宅を息子に信託すると、名義は息子に移ります。受益権（住む権利）はお父さんにありますが、この**受益権を娘に生前贈与**します。この場合、父と娘が一定の年齢以上※であれば、**相続時精算課税**の適用を受けることができます。

※　今回のケースでは、贈与した年の1月1日時点で、父が60歳以上、娘が20歳以上（2022年4月1日から、「18歳以上」に引き下げられました）。

③ 相続税における小規模宅地の特例

　この特例についても変わりません。
　相続税における小規模宅地の特例は、住んでいる自宅に対して相続税をかけるのは申し訳ないから、相続した自宅に住んでいる人には、一定の面積までは相続税をあまりかけないようにしよう、という制度です。

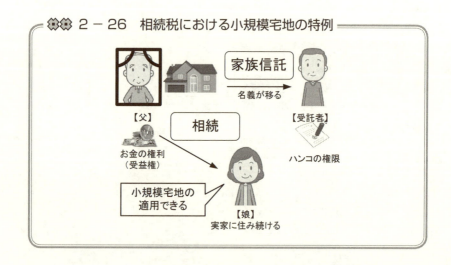

図2-26　相続税における小規模宅地の特例

お父さん名義の自宅を息子に信託した場合で考えます。名義は息子になりますが、受益権（住む権利）はお父さんのままです。その後、お父さんが亡くなると、住む権利を娘に相続（信託契約書で娘に移るように設定）させた場合、娘がその自宅に住んでいるなら、**相続税における小規模宅地の特例が使えます**。ですから、娘には自宅に関してはあまり相続税がかからないでしょう。

④ 居住用不動産を売却した場合の3,000万円の特別控除

　自宅を売却した場合、譲渡所得税を計算する際は、売った利益（譲渡所得）から3,000万円を差し引くことができます。

　自宅を売っても譲渡所得が3,000万円以上になることは少ないでしょう。つまり、3,000万円の特別控除が使えれば、譲渡所得税がかかることは少ないはずです。ですから、不動産を売ったときに3,000万円の特別控除が使えるかどうかはとても重要になります。

　信託した場合は、受益者にとって居住用不動産であるかどうかで考えます。**信託しても、受益者にとって居住用不動産であれば、売却した際の3,000万円の特別控除は適用できます**。

　このように、信託しても、様々な税金上の優遇策が使えます。その対象が、自宅などの財産そのものからお金の権利である「受益権」に変わるだけです。

　強いていえば、自分の会社の株については、後継者への贈与や相続した場合の納税猶予の特例が、信託すると使えなくなります。しかし、この制度は、株の実権だけでなく、財産権も含めて株を後継者に贈与する制度です。家族信託は、株の実権部分だけ

1　家族信託と税金　77

を後継者に渡して、財産権（受益権）は自分に残す方法ですので、併せて使いたいというニーズはあまりないと考えられます。

> **本章のポイント**
>
> ・贈与税と相続税は、受益権をもらった人（新しい受益者）に課税される。
>
> ・譲渡所得税は、物件そのものや受益権を売ったとき、受益者に課税される。
>
> ・所得税は、受益者に所得があったときに課税される。信託以外の所得と損益通算ができなくなる。
>
> ・不動産取得税は、信託を設定した時にはかからない。受益権が移る時もかからない。信託が終了する時、本人やその相続人以外が財産を取得すると課税される。
>
> ・固定資産税は、受託者に課税される。だから、受益者は受託者に固定資産税を渡すべき。
>
> ・登録免許税は、設定時は、贈与や売買で登記したときの5分の1程度ですむ。終了時に、相続人以外が財産を取得すると、贈与と同じ程度で課税される。
>
> ・税金上の様々な優遇措置は、信託した場合でもそのまま利用できる（事業承継税制は利用できなくなる）。

あなたの不安を安心に 家族信託 9の事例

家族信託ってどんな使い方があるの？

家族信託は、認知症対策や相続対策として、幼い子や障がいのある子を守るためや、会社の社長の代替わりのためなど幅広く活用できます。

よく相談を受ける事例を通じて、家族信託のパワーと使い方をご紹介します。

1 生前贈与をしたい

相談事例 1

私は70代の男性です。

親から土地を相続しました。その土地には、姪名義の家が建っており、姪の家族がそこに住んでいます。

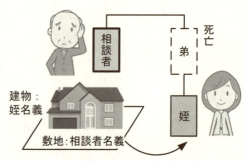

ですから、いつか敷地を姪に譲りたいと思っていました。遺言を書いて姪に渡す（遺贈）という方法も考えましたが、できれば早く渡したいです。そのため、生前贈与をしようと思います。

しかし、贈与税が問題になりそうです。敷地の評価額は1,000万円くらいになりますので、生前贈与すると、姪に200万円以上の贈与税がかかりそうです。

姪に迷惑をかけずに生前贈与する方法はないでしょうか？

もちろん、自分の自宅や預貯金は、妻や子に相続させるつもりです。

1 これまでの方法

不動産や大きな額のお金などを生前贈与するときは、贈与税が問題になることが多いです。

何も考えずに1,000万円の現金や、評価額が1,000万円の土地を贈与すると、親子（子が一定の年齢以上）の贈与の場合で177万円、兄弟間や他人への贈与などでは231万円もの贈与税がかかってしまいます。

一方で、贈与税には、夫婦間や親子間で一定の条件を満たすと、贈与税が実質かからなかったり、相続まで猶予されたりする特例があり、夫婦間や親子間の贈与は、それらの特例を使って贈与することが多いです。

今回は、姪への贈与ですので、贈与税がかからない（猶予される）特例を使うことができません。姪の自宅が建つ敷地を「良かれ」と思って贈与すると、**姪に231万円もの贈与税がかかって**しまうことになります。

これを避けるためには、これまでは贈与税の非課税枠に収まるように、毎年110万円分ずつ贈与するしかありませんでした。

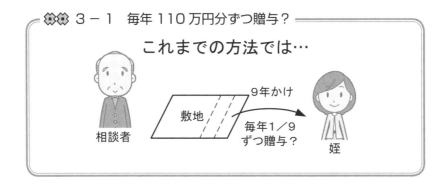

3-1 毎年110万円分ずつ贈与？

今回の事例なら、おおよそ毎年9分の1から10分の1ずつ贈与することになります。そうすると、完全に贈与するまで9～10年間かかってしまいます。その間に相談者が認知症になったりすると、贈与ができなくなってしまいます。

それでは遺言で渡すのはどうでしょうか？

相談者は遺言で渡すことも考えていました。遺言の欠点は、相談者が亡くなるまで姪に敷地が渡らないことです。リフォームや学資ローンなどで、姪が敷地を担保にお金を借りたいことがあるかもしれません。または、引越しをして、自宅と敷地を売却することもあるかもしれません。そのようなとき、相談者が認知症だと、成年後見人をつける手続きが必要になり、とても手間がかかり、財産を動かすのが難しくなります。

相談者は、自分の健康状態で姪に迷惑をかけたくないのでしょう。いずれ敷地を渡すつもりであれば、なるべく早めに生前に譲渡することは意味があることでしょう。

② 家族信託なら解決できる！

家族信託を使えば、贈与税の心配はなく、実質的な生前贈与ができます。

相談者から姪に敷地を信託します。**一括で名義が姪に移ります。**そして、**お金の権利（受益権）を相談者に残したままであれば贈与税はかかりません**（右ページ３-２参照）。

敷地を信託すれば、管理処分の権限は姪に移ります。敷地を売ったり貸したり、担保に入れたりなどの手続きは姪が行います。相談者が認知症になっても、問題ありません。信託することにより、管理処分する権限を姪に渡してあるからです。相談者の

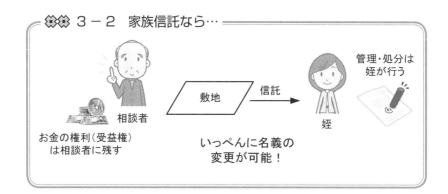

ハンコは不要です。

　贈与税がかからない理由は、お金の権利である受益権を相談者に残したままだからです。税務上は、受益権がある人（受益者）を所有者とみなします。信託をしても、受益権を相談者に残したままであれば、税金上は名義が変わっていませんから、信託を設定しても贈与税がかからないのです。

　今回のケースの受益権とは、「敷地を売ったり人に貸したりしたときに、誰がそのお金を受け取るのか」という権利です。自宅を売却や賃貸しない限り問題になることはないでしょう。

　このように、信託すると、事実上の生前贈与ができてしまいます。相談者が亡くなった際に、この受益権を姪に移るようにしておけば、相談者が亡くなると、自宅の敷地は完全に姪に移ります（次ページ３－３参照）。遺言がなくても、名義が姪に移るわけです。

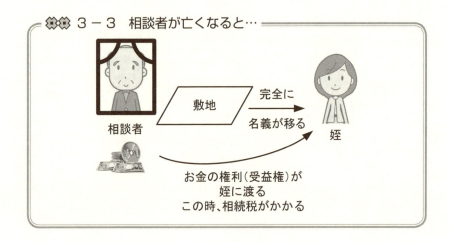

3 相続税について

　相談者の資産が、相続税がかかるほどにあれば、相続税について考えなければなりません。相談者が亡くなると、姪に相続税が課税されるからです。
　姪が相談者の法律上の相続人でない場合は、姪に課税される相続税が2割加算される場合もあります。
　相続税がかかるかどうかは、税理士に相談してください。相続税がかかりそうであれば、納税をするためのお金をどう用意するかを、姪と相談しておいたほうがよいかもしれませんね。場合によっては、相続税分くらいのお金を姪に遺言や信託で渡しておくことも考えられます。
　相続税のほうが贈与税より低額なケースがほとんどだと思います。**多額になりやすい贈与税が回避されますので、信託を生前贈与とは別な方法として活用することができます。**

4 固定資産税や不動産取得税は？

不動産の名義を移すと、通常、不動産取得税がかかります。1,000万円の評価の土地なら30万円くらいになります。

信託を設定した場合には、不動産取得税はかかりません。その代わり、相談者が亡くなった際に不動産取得税がかかります（姪が相談者の法律上の相続人であればかかりません）。このことは姪に伝えておくべきでしょう。

固定資産税はどうでしょう？

固定資産税は、名義人に課税されます。今回の信託をすると、姪が名義人になりますので、次の年から**姪に固定資産税の納税通知が届きます**。

家族信託をする場合、固定資産税は、もともとの所有者（今回のケースでは相談者）が払うようにすることが多いです。今回のケースでは、姪に生前贈与をしたいというのが話の発端でしょうから、今後は姪が支払うようにするのもよいかもしれません。固定資産税をどうするかは姪とよく話し合っておくとよいでしょう。

以上のように、不動産の名義を変えると、様々な税金がかかわってきます。何も考えずに生前贈与をすると、姪に贈与税、不動産取得税がかかります。不動産には大きな価値がありますので、贈与税が数百万円になることも少なくありません。

家族信託で名義を移せば、贈与税と不動産取得税はかかりません。相談者が亡くなると信託が終了し、その際に姪に相続税と不動産取得税がかかります。

これは遺言で姪に渡したときも同様にかかります。つまり、結果的には、信託をしてもしなくても課税されるわけです。

生前贈与の大きな障害は高額になりがちな贈与税です。それが、**家族信託なら事実上の生前贈与ができるのに、贈与税はかから**ないということになります。相続税で処理されます。

　このように、家族信託を使えば、贈与税を気にせず、事実上の生前贈与が可能になります。

5 信託の終わらせ方に注意

　今回の事例では、信託の終了時に、少し注意が必要です。

　相談者が亡くなったら、信託を終了させるのが通常だと考えられます。この時、お金の権利（受益権）も姪に渡ります（3－4参照）。

　しかし、相談者に妻や子供などの相続人がいる場合、姪がそれらの人から「**遺留分**」の請求を受けるかもしれません（右ページ3－5参照）。遺留分とは、一言でいうと「私にも少しください」**という権利**です。「お父さんは、あなた（姪）にばかり財産を渡して、私たちはほとんどもらっていません。それでは不公平です

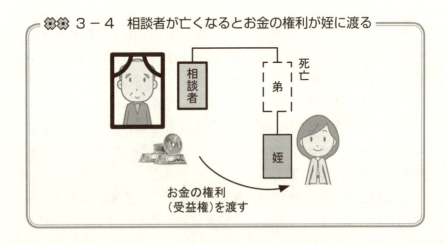

3－4　相談者が亡くなるとお金の権利が姪に渡る

お金の権利
（受益権）を渡す

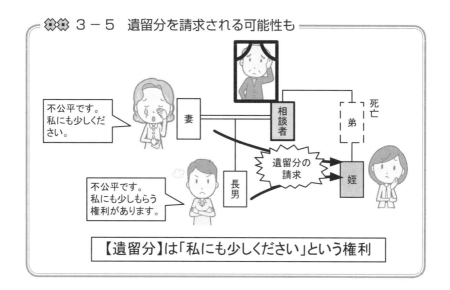

ので、私たち（配偶者や子）にも少しください」と請求される可能性があります。

相談者が亡くなった際に、相談者の相続人（妻や子）が遺産をある程度もらえないと、相続人は遺留分の権利があります。遺産全体が4,000万円あるなら、今回のケースでは、妻と長男はそれぞれ1,000万円分まで遺留分があります（遺留分の詳しい計算方法は複雑になりますので、ここでは省略します）。合計で2,000万円になります。もし、姪がすべての財産をもらってしまうと、遺留分の請求に対して、姪が支払わなければなりません。

遺留分は必ず請求しなければいけないものではありませんので、相談者の相続人が納得していれば、遺留分の請求はされないでしょう。ところが、相談者の妻が認知症で、成年後見人がついていると、問題です。妻の成年後見人は遺留分の請求をしなければいけません。成年後見人は本人（相談者の妻）の財産を守る義務があるからです。遺留分は当然認められる権利ですので、遺留

分の請求をしないと、成年後見人が裁判所から監督責任を問われます。

遺留分の請求をすると、これまで友好的だった関係が壊れることにもなります。相続トラブルで親族が仲違いをして、縁を切ったという話はよく聞くところでしょう。

ですから、遺留分の請求を受けないように、準備が必要です。具体的には、姪に渡す敷地以外の財産を、妻と長男にしっかり渡すことです。

相談者は、姪に渡したい土地以外に、自宅や預貯金をお持ちとのこと。もちろん相談者の気持ちが優先しますが、これらの財産を遺言などで妻や子供に渡して、誰かが不満を持たないようにすると安心でしょう。家族のためにも事前の準備と対策が重要ですね。

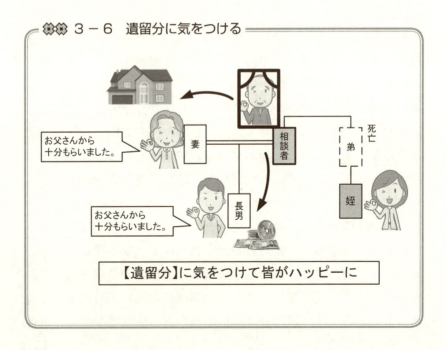

3-6 遺留分に気をつける

【遺留分】に気をつけて皆がハッピーに

2 孫の入学資金を出したい

相談事例 2

私は 30 代の女性です。保育園に通う子供がいます。

私の父（69）が、子供が大学に行く時は、入学費用は出すといってくれています。しかし、子供が大学に行く頃は父は 80 代になるのでちょっと心配です。

先日、私の友人が言っていたのですが、友人の母が認知症になり、成年後見人をつけたそうです。成年後見人には弁護士さんがなり、お母さんのお金が何かと使いづらくなったとのこと。友人の子が大学に入ったので入学資金を出してもらおうとしたら、「それはダメだ」と成年後見人の弁護士さんから言われたそうです。

私の父も、最近物忘れが多くなってきたように感じます。
何か良い方法はないでしょうか？

1 お父さんの口座からお金がおろせない？

最近、銀行では本人確認が厳しくなっていますよね。お父さんが認知症で、子供がお父さんの口座からまとまったお金（例えば100万円とか）をおろそうとすると、こんなやりとりになります

　　銀行　「本人確認のため、免許証などを確認してもよろしいですか？」
　　子供　「本人は、認知症で施設に入っています。私は子供です。子供ならお金を引き出せませんか？」
　　銀行　「申し訳ありませんが、ご本人でないと口座からお金を引き出すことができません。ご本人が認知症であれば、お金を引き出すには成年後見人をつける必要があります」
　　子供　「成年後見人って何でしょうか？」

2 成年後見人とは？

認知症や知的障がいなどで、判断能力が十分でない人は、預金の出し入れや、施設などの契約手続などが自分ではできません。成年後見人は、その判断能力が十分でない人に代わって、これらの手続きを代行する人です。一言でいえば、**「代わりにハンコを押す人」**といえます。家庭裁判所が選任します。

私も何人かの成年後見人をしていますが、主にすることといえば、施設など料金の支払い、介護保険などの役所関係の手続きや、施設との契約です。その人に代わり、私がその手続きの内容を判断して、書類にハンコを押しています。認知症になった人の

ための「保護者」のようなイメージです。

　今回の事例の相談者は、お父さんが認知症になった場合を心配しています。お父さんが認知症になると、お父さんの口座からお子さんの入学費用などまとまったお金をおろそうとすると、銀行から「成年後見人を立ててください」と言われるでしょう。

　では、なぜ相談者のご友人は、成年後見人をつけても、入学費用を出してもらえなかったのでしょうか？

3 孫のために使えない？

　成年後見は、「**本人を保護・支援**」するための制度です。本人とは、認知症や、知的障がいなどで判断力がない人のことです。この事例では「お父さん」ですね。つまり、お父さんを保護・支援するための制度なわけです。ですから、成年後見人は、お父さんのためなら、お金を使うことが許されます。入院費用、施設の費用、お父さんのためにするバリアフリーのリフォームなどです。

　一方で、成年後見は、本人の**家族を保護・支援する制度ではありません**。ですから、お父さんの「家族」のためには、お金を使うのが難しくなります。お母さんの入院費用、お母さんの入居する施設の費用、子供のためにする家の増改築、孫の入学費用なども出すのが難しくなります。

　本人（お父さん）が元気なうちは、お父さんの意思でお金を自由に使えました。もちろん家族のために使うことも自由でした。お父さんがお金を払って、家族旅行をすることもできました。しかし、認知症になり成年後見人がつくと、急に家族のためにお金を使うことが難しくなります。

3-7 孫の入学資金が出せるか？

元気 →	認知症 →	死亡
出せる	**出せない**	出せる
自分の意思	本人のためが原則	相続した人の意思

　お父さんが元気なうちは、お父さんの意思で孫の入学費用を出せますが、認知症になると、原則、自分（お父さん）のためにしかお金は使えません。

　お父さんが亡くなれば、お父さんの財産は相続されますので、相続した人の意思（事例では相談者）で、入学資金を出せます。

　このように、成年後見の制度は、融通がきかず、とても不便なことがあります。国民全員のためにつくられた制度ですので、個別の事情は反映されにくいのです。私のところに相談に来られる方も、「**成年後見にしたくない**」と言う方が、結構多いです。

　お父さんが元気なときに「孫のためにお金は出す」と言っていても、何か対策を打っておかないとどうにもなりません。

4 専門職が成年後見人になると費用が発生

　成年後見人になるのに資格は必要ありません。ですから、子供など親族で成年後見人になれる人がいれば、親族がなるのが一番よいと思います。しかし、親族が成年後見人になるのは3割くらいです。残りの7割は、司法書士や弁護士などの専門職が成年後見人に選ばれています。司法書士や弁護士などの「法律に詳しい人」が成年後見人になると、法律通りの運用をして、融通がきか

なくなります。

　しかも、司法書士や弁護士が成年後見人になると、もう1つの問題があります。費用の面です。司法書士や弁護士も仕事として成年後見人になりますので、費用が発生します。この費用は家庭裁判所が決めるため、司法書士や弁護士が勝手に決めることはできません。しかし、おおよその相場があり、月3万円くらいです。年にすると36万円。財産の多い少ないで、この費用は多少前後しますが、大体この程度かかると思ってください。この費用が一生続きます。10年続けば360万円です。

　つまり、司法書士や弁護士が成年後見人になると、孫のための入学資金は出せなくなり、さらに費用もかさみ、踏んだり蹴ったりの状態です。

　成年後見制度は不便なこともあるためか、あまり普及が進んでいません。認知症など、成年後見人が必要な人は全国で520万人程度いるといわれていますが、実際の導入件数は約21万人（2017年末）です。わずか4％程度しか利用されていない計算です。ここまで利用されていないのは、使いづらい制度であることも原因の1つだと思います。

5 家族信託なら解決できる！

　家族信託なら、お父さんが認知症になっても孫の入学資金が出せます。

　お父さんが元気なうちに、娘さんである相談者にお金を信託すれば、孫が大学に行く時、信託されたお金から孫の入学資金を出すことができます。

　その際に、お父さんが認知症になっていても大丈夫です。お父

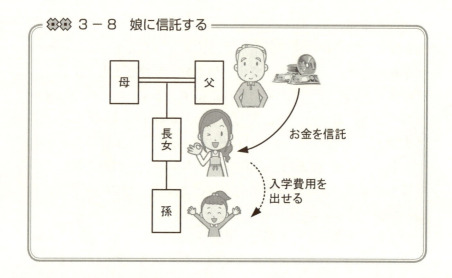

3-8 娘に信託する

さんに成年後見人は必要ありません。もし、成年後見人がついていたとしても、信託したお金は受託者である娘さんが管理しますので、孫のために入学資金を出すことができます。成年後見人の同意も不要です。

万一、お父さんが亡くなられても、信託されたお金は相続財産にはならず、孫の入学資金として使うことが可能です。

このように、家族信託をすることにより、お父さんがどのような状態でも、お父さんの希望を実現することができるのです。

6 贈与税はかからない？

「孫の入学資金のためにお父さんのお金を使ったら、贈与税がかかるのでは？」と思われた方。あなたは鋭いです。

お金の権利（受益権）はお父さんにあります。ですから、信託したお金はお父さんのために使うのは、問題はありません。一

方、孫のために、お父さん（孫から見た祖父）のお金を使ったら、お父さんから孫への贈与とみられて、贈与税がかかる可能性はあります。

　でも、安心してください。**孫が大学に入学するための資金なら問題ありません**。これは国税庁も明確に認めています。『扶養義務者（父母や祖父母）から「生活費」又は「教育費」の贈与を受けた場合の贈与税に関するＱ＆Ａ』（国税庁　平成25年12月）で、以下のように記述されています。

> ［Q］扶養義務者（父母や祖父母）から生活費又は教育費の贈与を受けましたが、贈与税の課税対象となりますか。
> ［A］扶養義務者相互間において生活費又は教育費に充てるために贈与を受けた財産のうち「通常必要と認められるもの」については、贈与税の課税対象となりません。

　「扶養義務者」には、両親や祖父母が含まれますし、「教育費」は義務教育だけに限定されないことが、このＱ＆Ａで述べられています。

　ただし、「通常必要」と認められないものについては、贈与税がかかる可能性がありますので、注意してください。例えば、通学のために孫に車を買ったとか、しかも、それが高級車だったりすると、贈与税がかかるかもしれませんね。

　この国税庁のＱ＆Ａは、インターネットでも簡単に検索できますので、興味があれば検索してみてください。

7 お金を信託する場合の注意点

　お金を信託するときや、収益不動産を信託してお金を信託で扱うときは、保管用の口座には注意してください。お金の管理者（受託者）の個人の口座とは別の口座をつくり、そこで保管することが必要です。信託のお金を保管する口座は、受託者個人の口座でかまいませんが、受託者の生活費などが入る口座とは明確に異なる口座にする必要があります。

　これは、受託者には、個人の財産と信託した財産を明確に分けて管理する義務があるからです。信託されたお金や信託された不動産の賃料は、形式的には受託者のお金ですが、受益者（お金を受け取る権利がある人）の財産です。ですから、明確に分けて管理することが必要なわけです。

　銀行によっては信託専用の口座をつくる場合もありますが、対応している銀行は少数です。受託者個人の普通の口座でかまいませんので、個人の生活費が入る口座とは明確に分けて保管するようにしてください。

　詳しくは、第4部の「家族信託のよくある質問」の「信託口の口座は必要？」（198ページ）をご参照ください。

8 家族信託以外の解決方法

　今回の事例では、家族信託以外にも解決策があります。

- ・教育資金贈与
- ・任意後見

① 教育資金贈与

　教育資金贈与とは、正式には「祖父母などから教育資金の一括贈与を受けた場合の贈与税の非課税制度」といいます。子供や孫のために、将来の教育資金として事前にお金を贈与します。そのお金を一定の手続きを経て銀行等に預けると、贈与税が非課税になる制度です。非課税になる贈与は1,500万円までです。この制度の適用には、金融機関を通す必要があります。

　この制度の特徴は、「事前に」贈与できる点です。この制度を使うと、まだ小さい子供や孫のために「事前」に贈与しておくことができます。

　認知症になると贈与が難しくなります。成年後見では、まず無理と考えたほうがよいでしょう。子供や孫がまだ小さくて、入学するときには認知症になるかもしれないと心配なら、この制度を使って事前に贈与しておくと安心です。

　ただし、この制度には、いくつかの注意点があります。

　まず、この制度は2021年3月までの期限付き（2021年3月まで延長予定）です。詳細は、金融機関等にお問い合わせくださ

図 3−9　教育資金贈与

い。

　次に、銀行等に預けたお金を使う際には、請求書や領収書が必要です。預けたお金は教育資金でないと使えませんので、口座からの払い出し時には、教育資金のために使うことがわかる請求書や領収書を金融機関の窓口で求められます。

　また、原則として孫が30歳になった時、残ったお金には贈与税がかかります。1,500万円まで贈与できますが、教育資金に1,000万円使い、500万円が残ると、孫が30歳になると、その500万円には贈与税がかかります。ただ、残ったお金から贈与税を払えばよいため、「贈与税を払うお金がなくてどうしよう！」ということにはなりません。

　その他、教育資金贈与の制度は、孫のために事前に教育資金を贈与できますが、生まれていない孫のためには使えません。贈与する対象の子がまだ存在しないからです。

　一方で、**家族信託なら、生まれていない孫のためでも使うことができます**（３−10参照）。

　孫が将来１人、２人と増えるかもしれません。そのとき、認知

３−10　家族信託をすれば…

症になっていると、教育資金贈与はできません。しかし、家族信託を設定しておけば、将来生まれるかもしれない孫に、教育資金を用意しておくことができます。

② 任意後見

　任意後見とは、認知症になったときに備えて、**事前に後見人を指定しておく契約です。**

　自分の子供を任意後見人に指定しておけば、自分が認知症になっても、任意後見人である子供が、お金の出し入れをすることができます（3－11参照）。

　任意後見契約の中に、孫が大学に行くときに教育資金を出せるという内容を書いておきます。そうすれば、自分が認知症になっても、孫のために教育資金を出すことができます。そうすると、任意後見契約をした時にまだ生まれていない孫のためにも支出することができます。この点は家族信託と同じですね。

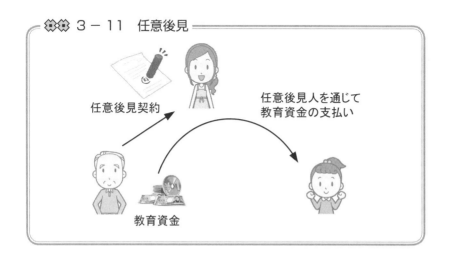

3－11　任意後見

2　孫の入学資金を出したい

家族信託との違いは、任意後見監督人が必ずつくことです。お父さんが認知症になり、任意後見がスタートすると、任意後見監督人が裁判所から選任されます。この監督人は、弁護士や司法書士などの専門職が選任されることが多いです。常に監督人の監督下に置かれることになり、また、この監督人に費用（報酬）を支払わなければなりません（3－12参照）。

　もちろん、家族信託でも、信託の状況を監督する信託監督人を置くことができます。任意後見と違うのは、家族信託なら、監督人を誰にするか自分で決められること、報酬を払うかどうかも決められることです。また、家族信託は信託監督人を置かなくてもかまいません。

　お父さんが亡くなると、任意後見は終了します。ですから、孫の教育資金が必要になる前にお父さんが亡くなると、任意後見だけでは対応できません。その場合に備えて遺言が必要ですね。

　家族信託なら、お父さんが認知症になっても対応可能ですし、亡くなった後も対応可能です。

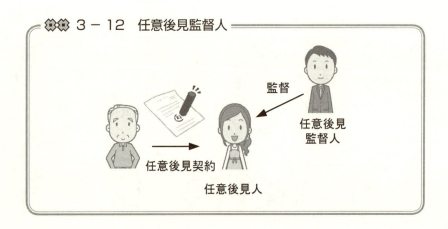

3－12　任意後見監督人

任意後見でも、お父さんが認知症になっても孫の教育資金は出せますが、監督人が必ずつく点と、亡くなる場合に備えて別に遺言が必要な点が、家族信託とは異なります。家族信託は個別に設計するものですので、柔軟に対応が可能です。

3 障がいのある子供の生活費の解決方法

相談事例3

　私たち夫婦には、知的障がいがある子がいます。
　私たちもそれなりの年齢になってきましたので、将来に備えて、この子にアパートやお金を相続させるような遺言を書こうと思います。そうすれば、この子もお金の面で困ることはないと思います。
　しかし、この子がアパートを相続しても管理はできないですし、お金を相続しても、お金の出し入れなどをすることは難しいと思います。
　何か良い方法はないでしょうか？

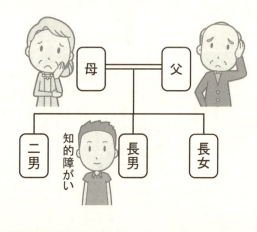

1 何もしないとどうなるか？

お父さんが亡くなった場合で考えましょう。
問題は2つありそうです。

1つ目は、お父さんの遺産を相続する手続きの問題です。
亡くなったお父さんの預貯金や不動産の相続手続には、相続人全員で財産の分け方を決める遺産分割協議が必要です。しかし、**長男に知的障がいがありますので、障害の程度によっては、遺産分割協議の内容を理解できません。協議の内容が理解できないと、遺産分割協議書にも押印できません**（3－13参照）。遺産分割協議書には実印での押印と、印鑑証明書が必要です。

長男が遺産分割協議を理解できないとなると、「代わりにハンコを押す人」として成年後見人を立てなければなりません。成年後見人は家庭裁判所で選任してもらいますが、準備も含めると、少なくとも1〜2か月はかかるでしょう。この間は、亡くなった

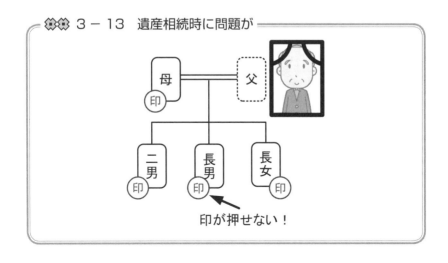

※※ 3－13 遺産相続時に問題が

3 障がいのある子供の生活費の解決方法

お父さんの遺産は手をつけることができなくなります。

問題の2つ目は、**知的障がいがある長男が、アパートやお金を相続しても、管理ができないこと**です。アパートは誰かが管理しなければいけません。相続手続をするために、成年後見人が選任されているはずですので、その成年後見人がアパートを管理することになるでしょう。ただし、成年後見については、以下のような使いづらさがあります。

> ・財産の運用が、融通がきかなくなる（本人のためにしか使えない）
> ・自宅の処分が難しくなる
> ・家庭裁判所から誰が選任されるかわからない
> ・専門職など第三者が選任された場合、継続して費用が発生

遺産分割協議をするために、長男に成年後見人をつける必要があり、その後は、その成年後見人（弁護士などの専門職がなるケースが多い）が、一生、長男の財産を管理することになります。

2 遺言を書いていたらどうなるか？

お父さんが遺言を書いていれば、**遺産分割協議は不要**になります。遺言によりお父さんの意思通りに財産を継がせることができます。特に、公正証書で遺言を作成しておけば、スムーズに預貯金の解約手続や不動産の相続手続が可能です。

一方で、相続手続が終わってからは問題があります。
やはり**長男は自分では財産を管理できません**。アパートの契約

をしたり、お金をおろしたり、支払いをしたりすることが、自分では難しいと考えられます。そうするとやはり、成年後見人の選任が必要になります。

　成年後見人を選任すると、アパートやお金などの財産の管理はしてもらえますが、前に述べたように、画一的な管理しかできなくなる問題が生じます。大規模なリフォームなどは、投資的要素が大きくなりますので、できないでしょう。

　また、障がいのある長男の世話をしてもらった人（施設）がいる場合は、長男が亡くなった後に財産を渡したいと考えることがあるかもしれません。そのためには、お父さんの遺言では対応できませんので、長男が遺言を書く必要があります。しかし、長男には知的障がいがあるため、**知的障がいの度合いによっては遺言を書くことができません。**これでは、長男が亡くなった後、その人や施設に財産を渡したくても渡すことができません。

3 家族信託なら解決できる！

　これらは家族信託を利用すれば解決できます。
　お父さんの財産を、長男の世話をしっかりしてくれる人に信託します。長女がしっかりしていて面倒見も良いとのことですので、長女にアパートとお金を信託します。
　そうすると、**アパートの管理は長女が行うことになります。**アパートの賃料はお父さんの収入ですが、お父さんには扶養義務がありますので、**生活に必要な範囲で長男にお金を渡すことができます。**お父さんが病気をしたり認知症になったりしても、長女が管理をしていますので、信託した財産は影響を受けません。長男

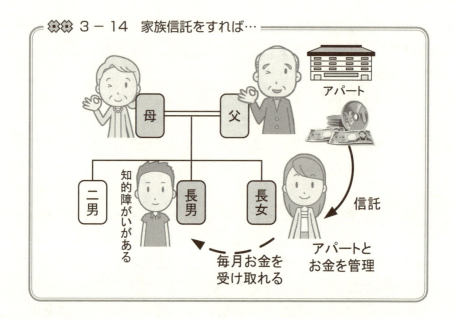
図3-14　家族信託をすれば…

の生活費も出し続けることができます。長男が病気になるなどして大きなお金が必要になったときも、その費用を支出できます。もちろん、お父さんのためにお金を使うこともできます。

　お父さんが亡くなったら、信託した財産は、長男に引き継がせることができます。実際は、次の受益者（お金の権利を持つ人）を長男に指定しておくだけです。**信託した財産については遺言は不要ですし、相続人（妻や3人の子供たち）で遺産分割協議をする必要もありません。**

4 長男が亡くなったら

　長男の知的障がいの程度によっては、遺言を書くことができません。また、軽度の知的障がいで、法律上遺言が書ける状況だとしても、遺言は長男に自主的に書いてもらう必要があります。遺

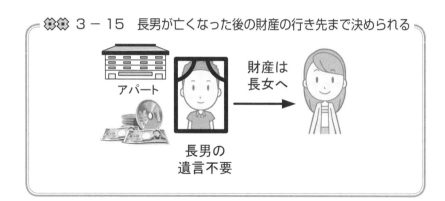

図3-15 長男が亡くなった後の財産の行き先まで決められる

言を無理矢理書かせるわけにはいかないからです。そのため、お世話になった人や施設に財産を渡すことは難しいかもしれません。

ところが、お父さんが家族信託をしておけば、長男が亡くなった後、お世話になった長女やその子供、施設などに財産を渡すようにすることもできます。これは**もともと財産を持っているお父さんがすべて決めることができます**。

もちろん、**長男の遺言は不要**です。

5 子供が1人の場合、財産は国に渡る？

相談事例ではお子さんは3人でしたが、お子さんが知的障がいのあるお子さん1人だけ、という場合も注意が必要です。

子供が1人ですので、最終的には知的障がいのある子供に財産が集まります。しかし、その子が生涯独身で子供がいないと、相続人がいないことになります。**相続人がいない場合、その子の財産は、国に渡ります**（次ページ3-16参照）。遺言があれば別ですが、知的障がいがあるため、遺言をつくることは難しいでしょう。

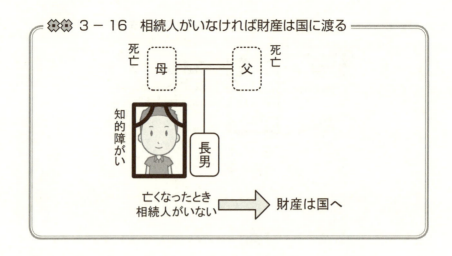

　法律上、障がいがある子をよく面倒を見てくれた人がいれば、その人に財産が渡るような手続きはあります。**「特別縁故者に対する財産分与」**といいます。この手続きは、家庭裁判所に、遺産を管理する人を選任してもらう申立てをすることから始まります。申立てができる人は、遺産をもらう可能性のある人などです。相続人の調査や遺産に権利がある人（債権者）を調査する手続きを経た後、お世話をしてくれた人がいれば、その人に遺産を与える手続きになります。裁判所の判断ですので、その人に遺産が渡るかどうかはわかりません。また、どのくらい渡るかもわかりません。

　複雑な手続きで、費用や実費も数十万から100万円以上かかることもあります。時間も1年以上かかります。時間もお金もかかる手続きにもかかわらず、お世話になった人に財産が行かないかもしれない。そうすると、とてもこの手続きをとろうと思わないでしょう。

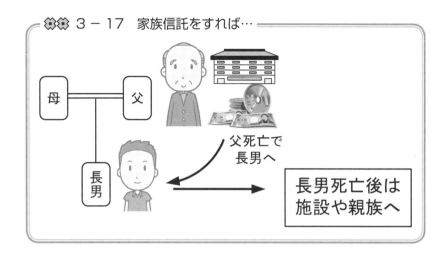

3-17 家族信託をすれば…

父死亡で長男へ

長男死亡後は施設や親族へ

　ところが、このようなケースでも、家族信託を設定しておけば簡単に解決します（3-17参照）。

　受託者（財産を管理する人）を誰に頼むかという問題はありますが、甥や姪など信頼できる人がいれば、その人に財産を託します。そうすると、**お父さんが亡くなった後も、お金や不動産は障がいのある長男のために使うことができます**。そして、**長男が亡くなった後は、お世話になった施設や、受託者をしてくれた人に財産を渡すことが可能です**。

　このような形は、お父さんが家族信託を設定することで実現可能です。長男が遺言を書いたり、何らかの手続きをしたりすることは不要です。

　家族信託を用いれば、自分の次の世代やその次の世代まで、誰に財産を渡すか、自分の意思で決めることが可能です。

3　障がいのある子供の生活費の解決方法　　*109*

6 長男の普段の生活が心配…

　障がいのあるお子さんがいらっしゃる方から、よく言われることがあります。

　「この子の財産管理が法律で何とかなることはわかりました。しかし、この子の毎日の生活の面倒は誰が見てくれるのでしょう？」

　在宅で面倒を見ているような場合は、特に心配だと思います。

　最近、このような障がいがある方や高齢者で生活のサポートが必要な方のために、以下のようなサービスを提供するＮＰＯや市区町村が出始めています。

・毎日の買い物
・ご飯の用意
・病院の付き添い
・急病など緊急時の対応
・施設の入所の際の身元保証

　気になる方は、お住まいの市区町村役場に聞いてみてはいかがでしょう。

　財産管理については家族信託などを活用し、普段の生活についてはこのようなサービスを利用することで、障がいのあるお子さんがいらっしゃっても、安心できるのではないかと思います。

4 小さい孫に財産を残したい

相談事例 4

　私は70代の女性です。私もそろそろ、後先のことを考えて遺言を書こうと思います。

　私には娘がいましたが、2年前に病気で亡くしました。私が亡くなったら孫（5歳）にお金を残してあげたいのです。しかし、そうするとお金は、父である娘の夫が管理することになると思いますが、彼はお金にルーズなため、お金が孫のために使われるか心配です。

　何か良い方法はないでしょうか？

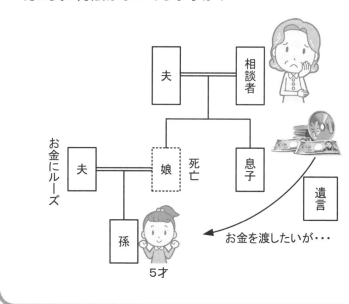

1 何もしないで相談者が亡くなると？

この場合、一番避けたいことは、遺言も何も準備しないで相談者が亡くなることです。相続トラブルになりかねません。

遺言がない場合、相続手続には、相続人全員の実印と印鑑証明書が必要です。相談者の相続人は、夫、長男、孫（娘さんが先に亡くなっているため）ですが、未成年者はハンコを押せないとされるため、**孫の代わりに亡くなった娘の夫（孫の父）の実印と印鑑証明書が必要になります。**

お金にルーズな娘の夫が円満に相続手続をするとは限らず、無理な要求をするかもしれません。遺産の分け方について合意ができず、相続トラブルに発展するかもしれません。残された家族は

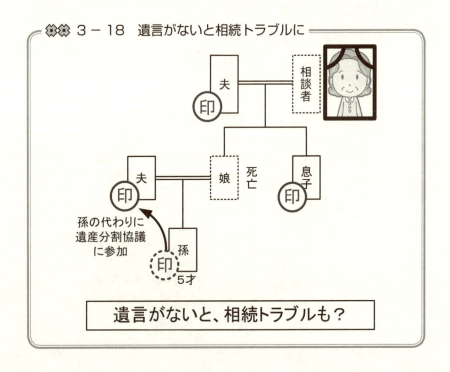

3-18 遺言がないと相続トラブルに

遺言がないと、相続トラブルも？

大変な思いをされることでしょう。

ですから、**相続トラブルを避けるために、最低限遺言は書いて**おきたいですね。

② 遺言を書いても、お金が正しく使われない？

では、遺言があれば、大丈夫なのでしょうか？

相談者が亡くなって、遺言で孫にお金が渡っても、孫が小さければ、その**お金は親権者である娘の夫（孫の父）に管理されます。**つまり、孫が相続したお金の出し入れは、娘の夫が行うことになります。当然ですが、お金が渡る時は、相談者は亡くなっています。娘の夫（孫の父）が孫のために、しっかりお金を使ってくれるかは、娘の夫任せになります。娘の夫が、自分のためにお金を浪費してしまうかもしれません。

このように、これまでの法律では、今回の相談を解決することは難しい面がありました。

認知症の人や知的障がい者など、自分で事務手続ができない人をサポートする制度は、成年後見です。成年後見人は、家庭裁判所に年に１回、財産状況などを報告しなければいけません。ですから、成年後見人は使い込みなどをすると、いずれは白日の下にさらされ、罰せられることになります。

しかし、未成年者の保護者（親権者）は異なります。家庭裁判所に報告する義務はありません。そのため、親が子供のお金を使い込んでも、明らかになる可能性は低いのです。

つまり、**遺言で孫にお金を相続させても、それが孫のために使われるかは、これまでの方法（遺言）では、親任せになってしまう**のです。

3 家族信託なら解決できる！

しかし、家族信託を使えば、このような心配もキレイに解決できます。

まず、お金を息子に信託します。息子は、信託されたお金を管理します。そして、孫に必要な日常の生活費や教育費は息子から支払ってもらいます。孫が大学に行くなどで、まとまったお金が必要になっても、信託されたお金から支払うことができます。

このように、**お金を家族信託することにより、相談者のお金が娘の夫（孫の父）の手に全額渡ることがないため、お金が浪費されることもありません**。もしあったとしても、いっぺんにお金がなくなることはないでしょう。

また、信託されたお金は、相談者の相続財産とは別に扱われま

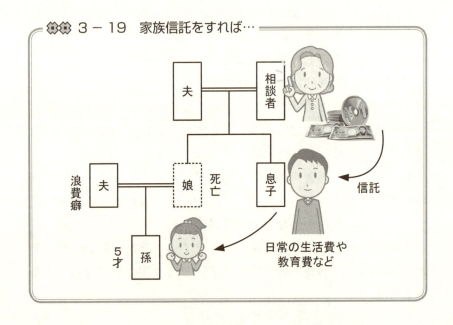

3-19　家族信託をすれば…

す。相談者が亡くなっても引き続き息子が管理します。孫のために使ってもらうために遺言も不要ですし、遺産分割協議も不要です。

　また、家族信託には、もう1つ別の効果があります。

　相談者が信託したお金は、息子さんのもともとの財産と、法律上分離されます。万一、息子さんが何らかの理由で破産をしなければいけなくなっても、信託したお金は守られるのです。

　さらに、必要に応じて、適切にお金が管理されているか確認する人（信託監督人）をつけることもできます。信託監督人に弁護士や司法書士、税理士などをつければ、プロの目によるチェックを入れることができます。

　このように、遺言で大きなお金を渡すと、孫がまだ小さければ、お金が正しく使われるかが不確実ですが、家族信託をすることにより、そのような不安がなくなります。

4 家族信託以外の解決方法

　今回のように、小さな子供に大きなお金を渡す場合、管理を誰がするのかという問題があります。お金の渡し方や管理方法としては、家族信託以外の方法もありますので、ご紹介します。

① 教育資金贈与の制度

　これは、**子供や孫ために教育資金として生前贈与するなら、1,500万円までなら贈与税がかからないという制度**です。大学入学などその時を待たなくても、事前にまとまったお金を非課税で

生前贈与できる特徴があります。一方で、前述のように少し注意すべき点があります。

注意点の1つ目は、**お金は所定の手続きをして銀行等に預ける必要がある**ことです。相談者と孫の親（相談者の娘の夫）と贈与契約書を作り、お金を銀行や信託銀行に預けます。このように、教育資金贈与の制度は銀行等を通じた手続きになり、この手続きのためには孫の親の協力が必要です。

注意点の2つ目は、**教育資金以外ではお金は使えない**ことです。お金を引き出すときは、銀行に対して領収書などを提出する必要があります。ですから、普段の生活費、結婚資金、病気をした場合など、教育資金以外の用途では、お金を引き出すことができません。

注意点の3つ目は、**原則としてお子さんや孫が30歳になった時点で、残ったお金は贈与とされる**点です。1,500万円贈与しても、教育資金で500万円しか使わなかったら、孫が30歳になった時点で、残りの1,000万円は贈与として扱われます。そうすると、贈与税がかかり、現行の税制では200万円前後の贈与税が課税されることになります。それでも残った金額以上の贈与税がかかることはありませんので、納税で困ることはないでしょう。

最後に注意点の4つ目ですが、この制度は**2021年3月31日までの期限がある**ことです。いつまでもこの制度を使えるわけではありません。また、将来生まれるかもしれない孫のためには、この制度を使うことができません。もちろん家族信託なら、まだ生まれていない孫のために、お金を残すこともできます。

このように、教育資金贈与の制度は、（少し使いづらい点があ

りますが）事前に大きなお金を渡しておける点が特徴です。また、自分の財産を事前に贈与できますので、結果として相続税が低くなると考えられます。

② 生命保険信託

　生命保険と信託を組み合わせた方法です。取り扱う保険会社も少しずつ出てきました。
　死亡保険金を保険会社に信託する形で保険を組みます。被保険者が亡くなったら、保険会社から毎月少しずつ、受取人（事例では孫）にお金を交付（定時交付）したり、教育資金などで必要があれば、その分のお金を交付（随時交付）したりします。保険会社（信託会社）が信託の受託者（管理権限を持つ者）になります。
　相談者が亡くなっても、いっぺんに保険金が交付されないため、浪費癖のある娘の夫（孫の父）に保険金を浪費されることを防ぐことができ安心です。
　生命保険信託は、保険金を毎月一定額渡したり（定時交付）、必要に応じていっぺんに渡したり（随時交付）といった支払い方法が指定できるほか、受取人を何代も指定することができます。ですから、お金を信託することと同様な効果を得られます。
　家族信託と異なる点は、お金の交付が始まるのが、被保険者が亡くなる時、保険が満期になる時など、保険金の受け取り事由が生じた時点という点でしょう。

　今回のケースは、家族信託、教育資金贈与、生命保険信託など、様々な対応策がありますので、必要に応じて使い分けたいですね。

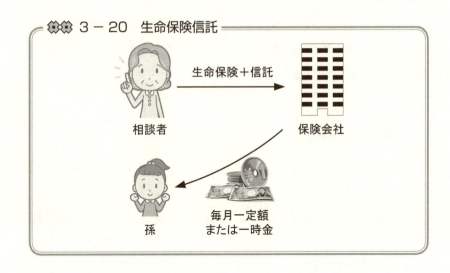

COLUMN　信託があったら救えた悲しい事件

悲しい事件がありました。

熊本のとある赤ちゃんポストに、当時3歳の男の子が預けられました。預けた人は、男の子の伯父。男の子のお母さんは交通事故ですでに亡くなっていました。お母さんは男の子のために自分に生命保険をかけていました。受取人は3歳の男の子です。男の子の新たな親権者（未成年後見人）として伯父が裁判所から選任されていましたので、生命保険金約6,800万円は伯父に支払われました。

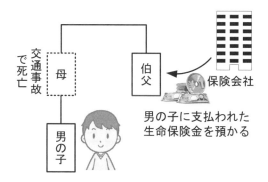

ところが、伯父はお母さんの命とも言える生命保険金を男の子のために使うことなく、ギャンブルで浪費。お金がなくなり、男の子を熊本のとある施設の赤ちゃんポストに預け、失踪してしまったのです。その後、その伯父は逮捕されました。

もし、このお母さんが生命保険信託を設定していれば、このような悲しい事件は起きなかったでしょう（事件当時、生命保険信託を提供している保険会社はありませんでした）。

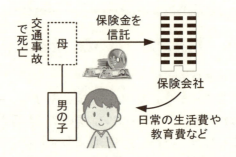

　お母さんが亡くなった後、まとめて大きな保険金が支払われることはなく、少しずつ支払われることになります。また、ある程度の大きなお金が必要なら、それに応じて支払うこともできます。仮に、伯父が少しずつ支払われるお金を手にしても、保険金全額がなくなることはありません。時間が経てば、男の子も大きくなり、やがては自分でお金の管理もできるようになるでしょう。
　生命保険信託は、小さいお子さんや、知的障がいのある方などが保険金の受取人になるケースでは、とても安心できる方法だと思います。

5 一人暮らしの自分の面倒を見てくれた人に財産を渡したい

相談事例 5

　私は70代の女性です。ずっと独身です。

　高齢になり、一人暮らしだと何かと不自由ですが、近くに住む甥夫婦が、ずっと私の面倒を見てくれています。甥夫婦にはとても感謝しています。医者に連れて行ってくれたり、必要な買い物をしてくれたりします。

　私が亡くなったら財産（預貯金や自宅）はすべて甥夫婦に渡したいと思いますが、その代わりに私の面倒を今後も見てもらいたいと思っています。

　最近は、物忘れも増えたように感じます。認知症になるかもしれませんので、早めに正式な手続きをしておきたいと思います。

　どのような方法があるでしょうか？

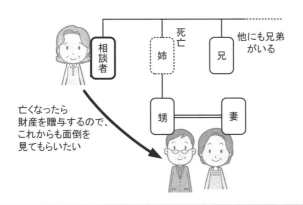

1 一人暮らしの人の不安

　あなたが子供の時、家にはおじいちゃんやおばあちゃんがいたのではないでしょうか？　私も子供の時は、家には祖父（祖母は早世）、父、母、叔父と2人の弟の大家族でした。昔はこのような家庭は多かったことでしょう。高齢になっても、家にはたくさんの家族がいました。

　ところが、現代は核家族化が進み、三世代家族は少数派。**結婚をしない人も多くなりました**。結婚していても子供たちはいずれ独立し、配偶者が亡くなると一人暮らしとなります。私も、妻と娘の3人で暮らしていますが、娘が独立すれば夫婦2人になります。私か妻のどちらかが先立てば、残された一方は一人暮らしになります。このように、**現代では人生の終盤に一人暮らしになることが多くなりました**。

　高齢で一人暮らしだと何かと心配です。体力は落ちてくるし、判断力も落ちてきます。電車やバスに乗るのも億劫になるでしょう。車の運転も不安になると思います。そうなると、日頃の買い物もままならなくなります。また、体も病気がちになります。気楽に外出もできないため、医者に行くのも大変ですし、ましてや夜に突然発病したら…などと考えると心配でしょう。そんなとき、近くに頼りになる人がいると安心ですね。

　相談者の女性は、「自分を支えてくれる甥夫婦に財産を残すので、今後も世話をお願いしたい」と希望しています。

　この希望をかなえるために考えたいことは、**認知症になった場合と亡くなった場合の対処法**です。

2 認知症になるとどうなるか？

　自宅で一人暮らしのまま認知症になることを考えると、不安ですね。この事例では、甥夫婦に負担をかけるかもしれません。また、判断力が弱ってくると、悪質業者からの被害も心配です。
　もし、施設に入所できれば、普段の生活は安心できるでしょう。甥夫婦の負担も軽くなるかもしれません。
　しかし、**認知症が進行すると、あらゆる財産上の手続きができなくなります**。一番困ることは、お金がおろせなくなることでしょう。これでは、医者に連れて行ってもらっても、買い物をしてもらっても、支払いができないことになります。お世話になっている人にお金まで立て替えてもらうことになってしまうわけです。

3 成年後見人なら代わりにお金がおろせる

　認知症になり、自分の口座からお金をおろせるようにするには、**成年後見人が必要**です。
　成年後見人とは、認知症になった人のために、事務的な手続きを代行する人のことです。認知症になった人は銀行でお金がおろせないため、成年後見人が代わりにお金を引き出し、支払いをします。そして、成年後見人が施設の入所契約など各種手続も行います。このように、成年後見人とは事務手続を代行する人のことをいいます。
　成年後見人には契約を取り消す強力な権限もあります。判断力が弱まって、業者に言われるがまま不要な契約をしてしまっても、成年後見人がいれば、後からその契約を取り消すことができます（取り消せるのは、成年後見人がついた後の契約）。

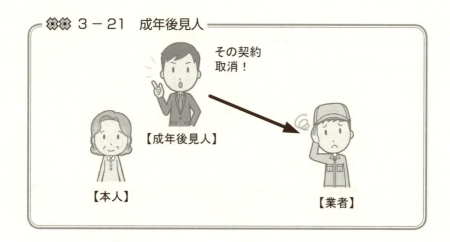

　このように、認知症になっても成年後見人を立てておけば、安心できます。

　一方で、成年後見人は、家庭裁判所が選任しますので、誰が選任されるかわかりません。統計的には、約7割で弁護士や司法書士など専門職が選ばれています。昨日まで赤の他人だった人が、突然、すべての通帳や不動産の管理をすることになります。
　また、専門職の人が選ばれると、年間数十万円の費用が毎年発生します。これは、認知症になったご本人が亡くなるまで一生続きます。

4 自分の決めた人に頼みたいなら任意後見

　一方、自分の決めた人に後見人を頼む方法もあります。任意後見人といい、**あらかじめ公正証書で決めておきます**。そうすれば、**自分が認知症になったときお金の出し入れは、自分が決めた人ができるようになります**。

※※ 3-22 任意後見人

【本人】 【任意後見人】 【任意後見監督人】

しかし、任意後見人には必ず監督人がつきます。任意後見監督人といい、この監督人は専門職が選ばれることが多いようです。

任意後見人には、契約を取り消す権限はありません。任意後見監督人にも契約を取り消す権限はありません。ですから、自分の判断力がなくなって不要なリフォームの契約を結んでしまっても、任意後見人では契約を取り消すことはできません。

任意後見人は自分が決めた人にお金の管理をしてもらえる点がメリットですが、取消権限がないのがデメリットです。それでも、**自分がお世話になった人に今後もお願いしたいなら、任意後見は１つの解決策です。**

5 亡くなった時の相続手続

子供がいない人は、最低限遺言を作成しましょう。

遺言がないと、相続手続には、相続人全員で、遺産の分け方の話し合いが必要です。この話し合いのことを「遺産分割協議」といいます。遺産分割協議では、相続人全員が合意をしなければなりません。相続トラブルがよく起こるのも、この遺産分割協議で

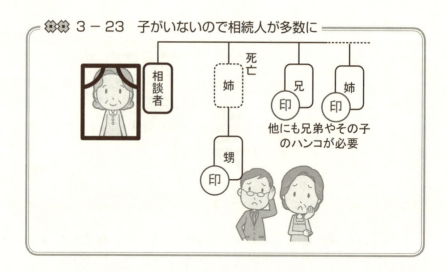

3-23 子がいないので相続人が多数に

　す。遺産分割協議では、1人でも遺産の分け方に反対すると、話し合いはまとまりません。多数決にはよらないからです。遺産分割協議がまとまらないときは、家庭裁判所に遺産分割の調停を申し立てることになります。

　事例の相談者は、子供がいません。もちろん、両親も先に亡くなっているでしょうから、相続人は相談者の兄弟姉妹になります。さらに、先に亡くなっている兄弟姉妹がいると、その子供が相続人になります。つまり、**かなり多くの人が遺産分割協議に加わることになり、全員が合意をしないと、遺産に手をつけられません**。せっかくお世話をしてくれた甥夫婦に財産を残したいと思っても、財産を渡すことがとても難しくなります。

　さらに、甥の妻は相談者の相続人ではありません。つまり、**何もしないと、甥の妻には遺産の権利がありません**[※]。どんなに献身的に相談者を介護して、どんなに相談者が感謝をしていても、何も準備をしていなければ、甥の妻に財産を渡すことができませ

ん。

　法律的には、思っているだけや感謝をしているだけでは、何も実現しません。しっかりと正式なものを残しておく必要があるのです。

※　2019年7月1日施行の改正民法により、相続人以外の親族が介護などの貢献をした場合、一定の要件の下で、相続人に対してお金の請求をすることが可能になります。

6 正式なものとは遺言のこと

　遺言があれば、相続手続はスムーズです。**遺産分割協議が不要になり、相続の権利がない甥の妻にも財産を渡すことができます。**
　ですから、最低限遺言を残すことは必要です。第1部でも、5分で書ける遺言をご紹介しています。この5分で書ける「紙ペラ1枚」のような遺言があるだけでも、まったく違います。遺言があれば、何人も（場合によっては何十人も）いる相続人に説明して、ハンコをもらう必要がありません。相続人の中には会ったこともない人もいるでしょう。全員からハンコをもらうまでには、何か月もかかるかもしれません。5分で書けるような簡単な遺言でもあれば、それらの苦労は不要になります。
　ただし、遺言は書き方が法律で厳格に決められています。この書き方を守らないと無効になりますので、注意が必要です。詳しくは第1部でご紹介していますのでご参照ください。

7 家族信託による解決法

　このように、**認知症の備えとして任意後見人を決めておき、相**

続時に財産を渡す方法として遺言を書いておく。これらが解決方法の1つになります。

一方で、家族信託なら、認知症の備えから相続時の問題まで、キレイに解決できます。

お金や自宅を甥夫婦(どちらか片方だけでもよいでしょう)に信託します。

そうすれば、**様々なお金の支払いは甥夫婦ができます**。自宅の修繕が必要になっても甥夫婦ができます。相談者が認知症になっても、お金がおろせなくなるなどと困ることはありません。これまで通り、甥夫婦から世話をしてもらうことができます。

また、ある程度のお金を甥夫婦が管理することになるため、悪質業者に目をつけられて、お金がすべてなくなっている、という

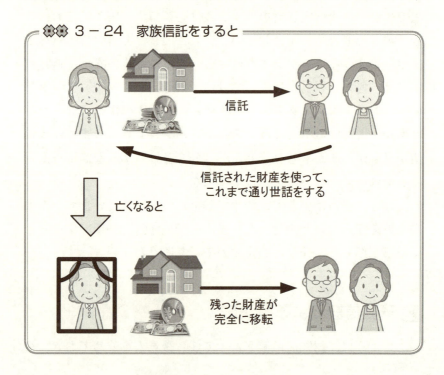

3-24 家族信託をすると

ことも防げます。

　相談者が亡くなれば、信託契約に従って、残った財産を甥夫婦に確実に渡すことができます。遺産分割協議のように、他のきょうだいのハンコが必要なこともありません。

　したがって、家族信託を用いれば、相談者の希望である「自分の面倒を見てもらう代わりに、亡くなったら自分の財産を渡す」ことが実現できます。

8 他の制度と組み合わせればさらに確実に

　今回の相談者の希望をかなえるには、家族信託だけでなく、他の方法とセットで設定しておけば、さらに確実になります。

　少なくとも遺言は一緒につくっておくべきでしょう。

　お金や不動産を家族信託して甥夫婦に託しても、少しはお金を手元に残しておきたいと思います。また、家族信託を設定した後も、年金は相談者の口座に入ってくるでしょう。そうすると、**これらのお金は家族信託とは関係のないお金になります。**亡くなった後、これらのお金も甥夫婦に渡したいなら遺言が必要です。遺言がないと、相続人（相談者のきょうだいなど）全員で話し合いが必要になりますので、家族信託と一緒に、遺言も作成しておくとよいでしょう。

　他には、甥夫婦を任意後見人として決めておくことも考えられます。そうすれば、認知症になったとき、手元のお金も甥夫婦が管理することができます。悪質商法が心配なら成年後見でしょう。契約の取消権という、強力な権限があります。

　このように、家族信託を設定する場合は、状況に応じて、遺言などの他の制度も一緒に設定すると、さらに安心です。

6 会社の株を渡したい（自社株信託）

相談事例 6

私は製造業の会社を経営しています。今年70歳になりました。

長男が専務として会社に入っており、将来は、長男に会社を継いでもらいたいと思っています。

最近、会社の株を含めた相続対策について、税理士の先生や金融機関からいろいろと言われるようになりました。

取引先からも、「会社の代替わりのことは考えていますか？」と聞かれることがあります。

会社の代替わりには、様々な方法があるようですが、よくわかりません。

どのように進めたらよいのでしょうか？

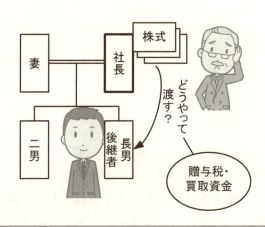

1 株とは何か？

　会社の「株」のことについて、普段意識することはないでしょうが、「株」とは一体何なのでしょうか？

　一言でいうと、株は会社の「実権」です。会社の実権の中で最も重要なものは「人事権」でしょう。ですから、株を持っている人が会社の役員を決められます。中小企業では、社長が株の多くを持っているでしょうから、自分を社長にしているのでしょう。

　会社のオーナーである社長が高齢になると、そろそろ世代交代を考えなければいけません。事業承継です。社長の世代交代（事業承継）では、会社の実権を渡す必要がありますので、株を後継者に渡す必要があります。

　しかし、この株を渡すことが、税金面や法律面などで、なかなか難しいのです。

2 昔は、隠居と家督相続

　戦前なら、隠居と家督相続により、会社の実権を渡すことは簡単でした。「家督を長男に譲ることにした。みんな頼むよ」と宣言して、先代は隠居。後継者は実権を握りました。会社の株が移転しますが、贈与税（相続税）もほとんどかかりません。実権を握ることにより、後継者も自覚を持って経営に当たります。それでもピンチになれば先代が助けてくれました。そして、幾多の経験を積んで後継者も一人前に育っていきます。家督相続の制度がありますので、相続争いもありません。はじめから後継者が決まっているからです。これらの制度（風習）があったことで、日本は長寿企業の数が世界一の国になったのでしょう。

3 戦後の方法には問題が…

しかし、戦後、民法が変わり、隠居や家督相続の制度はなくなりました。代替わり（事業承継）で株を後継者に渡すためには、大きく次の3つの方法によることになりました。

> ・生前贈与
> ・売　買
> ・遺　言

これら3つの方法も、隠居や家督相続に比べると、財産を渡す方法としては不便です。理由は、株が財産上、数千万円、数億円など、大きな価値を持つことが多いからです。

① 生前贈与

生前贈与により、後継者に確実に株を渡すことができます。

しかし、株を一度に贈与すれば、多額な贈与税がかかります。また、少しずつ贈与すると、長い年月がかかります。その間に先代が認知症になったり亡くなったりすると、贈与ができなくなります。

贈与しやすくするため、株価を下げる手法をとる場合もありますが、株価を下げるということは、会社の安定度や健全性という観点からは、マイナスになる場合もあります。

また、贈与で株を渡した後、後継者が不適格だったり、病気や事故で会社を継げなくなったりしても、株を返してもらうことは困難です。

② 売　買

売買により、後継者に確実に株を渡すことができます。

しかし、株を買い取るためには、後継者に多額な資金が必要です。通常は融資を受けますが、大きな利息負担が生じます。また、先代に多額の譲渡所得税が課税される場合があります。株価を下げるための手法も併せてとられることがあります。

なお、この場合も贈与と同様、後継者が会社を継がなくなった場合、株を返してもらうことが困難です。

③ 遺　言

遺言による方法では、先代が死亡してはじめて株が渡ります。ですから、株を生前に渡して、後継者を見届けることができません。

また、先代が株を持ったまま認知症や脳卒中などで判断力がなくなると、役員の選任など、会社の運営に支障が生じる場合があります。

このように、隠居や家督相続と比べると、**現代の法律では株を渡すには困難があります。**

事業承継税制（非上場株式の相続税・贈与税の納税猶予制度）を利用して納税を猶予する場合もあります。この制度は、株を贈与や相続しても一定の手続きを経れば、贈与税や相続税が猶予される制度です。うまくいけば、納税の負担がかなり軽くなります。

しかし、複雑で制約も大きい制度です。例えば、①納税猶予される株の範囲に一定の上限があること（すべての株が納税猶予されるわけではない）、②雇用を一定の範囲で維持しなければいけな

いこと、③後継者は株を譲渡できないこと——などがあり、これらを守れないと、**猶予された税金が利子税も含めて課税されてしまいます**。ただし、2018年4月の改正で、一定の要件を満たせば、納税猶予される範囲の上限が撤廃される、雇用が維持できない場合も、納税猶予が継続されることがある、株の譲渡などで課税される場合も、その時の価額で税額を再計算する、など使い勝手が良くなりました。

4 家族信託なら解決できる！

株を後継者に移転するには、税金や資金面など、大きな障害あることがおわかりいただけたと思います。

ところが、家族信託なら、このような問題が解決でき、**隠居と家督相続の制度を復活させることができます**。

① 株を後継者に信託

株を後継者に信託すると、議決権は後継者に移り、**後継者は会社の実権（人事権など）を握ります**。一方で、必要に応じて、**先代にも後継者の会社運営に指図ができる「指図権」を残します**。ですから、後継者が完全に実権を握るわけではありません。

先代が、しばらく社長を続けてもよいでしょう。後継者の成長をみながら、指図権を行使する回数を少なくしていけばよいのです。

先代が認知症や脳卒中などの病気で会社の経営ができなくなっても、株は後継者に渡っていますから、役員人事などは問題なく行えます。先代が指図権を使えないだけです。

このような仕組みをつくることにより、後継者の適性を試しつ

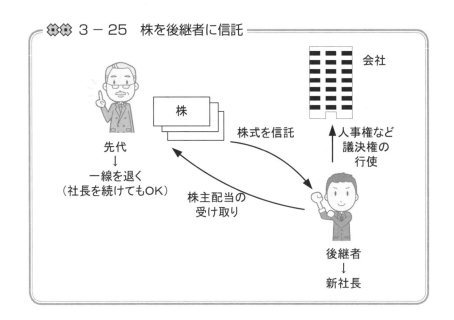

図3-25 株を後継者に信託

つ、後継者を一人前に育てることができます。さらに、配当をもらう権利などの受益権は先代に残しますので、**会社の実権を渡しても、贈与税はかかりません**。配当を出していなくても同様です。

これまでは、会社の実権を渡すには、株を贈与や売買するか、相続まで待つしか方法はありませんでした。しかし、家族信託なら、贈与税もかからずに会社の実権を渡すことができます。また、受益権を後継者に少しずつ贈与するなど、相続税対策も併せて行うことが可能です。

② 相続の発生

先代が亡くなると、受益権も後継者に渡ります。もちろん、受益権を、配偶者など別な人に渡してもかまいません。先代が亡くなって、受益権が移ったときは、**相続税で処理**されます。家族信

託で株を移転させても税金がまったくかからなくなるわけではありませんので、その点は気をつけてください。

家族信託を活用した場合、生前に実権を渡しても、高額になりがちな贈与税ではなく、先代が亡くなった際の相続税で処理されることに特徴があります。

株を信託した場合の受益権は、主に配当をもらえる権利（配当を出していなくてもよい）ですが、この受益権を誰に渡すかは、家族信託の中で指定できます。家族信託は遺言と同じことができるのです。それどころか、自分が亡くなったら妻、妻が亡くなったら子供、子供が亡くなったら孫、などと**何代にも渡って受け継ぐ人を指定できます**。これは遺言ではできないことです。

最終的に、受益権が後継者に渡れば、株の譲渡が完了します。この時に信託が終了となり、後継者がオーナーとして会社を運営していきます。

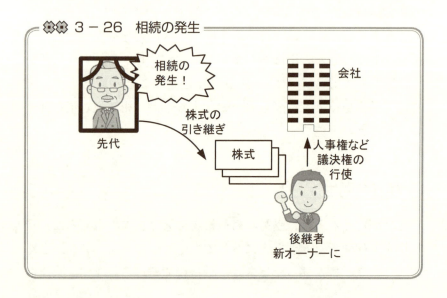

3-26 相続の発生

③ 後継者が不適格なら

　株を渡した後、後継者が会社を継がなくなった場合も、家族信託なら対処できます。**先代１人の判断で信託を解約できるのです**（受益権を他の人に渡していない場合）。

　この時も、贈与税等の課税はありません。行きも非課税なら帰りも非課税です。

　後継者に会社の実権を渡した後、後継者が不適格だった場合や、不幸にも事故や病気になった場合にも対処できます。隠居して後継者を見守りながら、事業の引き継ぎができるわけですね。

３－27　後継者が不適格なら

※　受益権のすべてを先代が持っていた場合。

COLUMN 徳川家康の事業承継 なぜ徳川は15代、260年続いたのか？

　社長の代替わり（事業承継）は、多くの社長の悩みの種だと思いますが、戦国武将も代替わり（世継ぎ）については、多くの武将が悩んだようです。

　戦国武将の3傑といえば、織田信長、豊臣秀吉、徳川家康ですね。この3武将の中でなぜ、織田、豊臣は滅び、徳川だけ15代、260年続いたのでしょうか？

　織田信長は本能寺の変で死亡しましたが、その時、家督を譲った嫡男（後継者）の織田信忠も自害しています。信忠は満26歳（年齢については諸説あります）。部下の明智光秀から謀反を起こされ、2人とも明智軍の襲撃に遭いました。

　下克上の戦国の世に、先代と後継者がほぼ同じ場所にいるという重大なミスを犯し、信長の夢は幻に終わりました。

　豊臣秀吉は天下を統一しましたが、お家騒動で後継者を育てられませんでした。

　一度は甥の秀次に家督と関白の座を譲ります。しかし、関白を譲った次の年（1593年）に淀君との間に秀頼が生まれると、秀頼を後継者にしたいと願い始めます。結局、家督と関白を譲ったはずの秀次に謀反の疑いをかけ、切腹させています。1595年のことで、その時秀吉は満58歳。その3年後、秀吉は61歳で亡くなっています。後継者の秀頼は秀吉が亡くなった時は5歳。とても豊臣家のリーダーとなれる年齢ではありません。

　豊臣秀吉は、家督を譲った後に甥の秀次を切腹に追い込む「お家騒動」を起こし、結果として、豊臣家を存続させることができませんでした。

　現代でも会社のお家騒動はときどき目にします。くれぐれもお家騒動には気をつけなければいけませんね。

徳川家康は、後継者を早くに定め、隠居による院政を行いました。

　1600年に関ヶ原の合戦に勝利した徳川家康（そのとき満57歳）は、1602年に江戸幕府を開きます。そして、翌年、征夷大将軍に任命されました。武家のトップです。しかし、わずか2年後に徳川家の後継者に秀忠を定め、征夷大将軍の座も譲り、隠居しています。そのとき家康は満62歳。隠居した家康は、陰で後継者の秀忠の糸を引きました。院政ですね。

　家康は、江戸から離れた駿府城（静岡市）に、各方面のブレーンを集め、徳川家と幕府を盤石にするための方策を検討しました。そして、駿府城で考えた施策を江戸城の秀忠に実行させたのです。

　後継者の秀忠は将軍になっていますので、世間的には前面に出ます。後継者の自覚も生まれ、周りもそのように見たでしょう。しかし実際は、家康が裏から秀忠に指示を出していたのです。

　これは家族信託の仕組みに非常によく似ています。

　家族信託により実権は後継者に譲り、後継者は前面に立つ。しかし、先代は指図権があるので、後継者に指示を出せる。家康のとった方策はまさにこの方策です。

　家康の偉大さに隠れて、影の薄い2代目秀忠ですが、彼は平凡なリーダーだったのでしょうか？

　いえ、彼は偉大な創業者の後を継ぎ、大きなプレッシャーと戦いながら、家臣を取りまとめ、様々な施策を行いました。そして、徳川15代の基礎を家康と共に築いた人物です。だからこそ家康も、秀忠を自分の後継者に選んだのでしょう。

　戦国武将も事業承継には悩んでいたでしょう。やり方によっては滅びたり繁栄したりしています。多くの経営者が歴史を学んでいるのも、そこから様々な教訓を得られるからでしょうね。

5 相続税対策も兼ねた方法（逆信託）

　家族信託は、基本的には相続税対策となるものではありませんが、やり方によっては、相続税対策になる場合もあります。

　1つ目のケースでは、会社がどんどん成長して、将来的には株価が高くなりそうな場合です。成長が早いと、将来の相続税が多額になりますので、早めに株を渡しておきたいでしょう。しかし、先代がまだ実権を手離したくないということもあります。

　もう1つのケースでは、先代が退職金をもらうなど、株価が下がった時に、相続税対策のために株を譲渡しておきたい場合です。でも、実権はまだ自分が握ったままでいたいということもあるでしょう。

　このようなケースで利用できる方法です。

　まず、株を後継者に生前贈与します。株の評価額が低ければ、贈与税はそれほどかからないでしょう。場合によっては相続時精算課税※の適用も検討します。

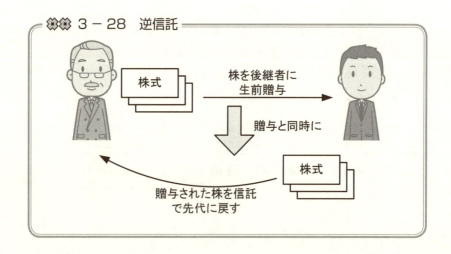

3-28　逆信託

そして、生前贈与と同時に、贈与を受けた株を後継者から先代に逆に信託して戻します。そうすると、財産権は生前贈与により後継者に移りますが、実権は先代に戻ります。
　自分が元気なうちは実権を握っておきたい。でも、相続税を考えると財産権は渡しておきたい場合に有効な方法です。
　実権は先代が握っていますが、先代が亡くなったり、認知症や脳卒中などで判断力がなくなったりしたら、信託が終了します。そうすれば、会社の実権は後継者に戻りますので、役員人事や、会社の運営上の重要事項の決定など、会社の経営には支障が出ません。
　このように、工夫次第では家族信託で相続税対策も可能です。

※　相続時精算課税とは、親から子や孫に生前贈与しても、贈与税ではなく相続の時に相続税で精算しようという制度です。評価額が2,500万円までは贈与税は課税されません。その親からの贈与については毎年110万円まで非課税で贈与できる暦年課税がとれなくなる点がデメリットです（他の方からの贈与は引き続き暦年課税となります）。

7 遺留分の請求が心配

相談事例 7

　私は会社を経営しています。私の後継者は長男ですので、株は長男に相続させたいと思っています。そのために、遺言を書こうと思います。しかし、私には会社の株以外にめぼしい財産はなく、二男から遺留分を請求されたら、長男は遺留分を支払うことが難しいと思います。

　もちろん株を少し渡すことも考えられますが、会社に関係ない二男が株を持つことになるのは、できれば避けたいです。

　遺留分対策もでき、お金や株を渡すことも避けられる良い方法はないでしょうか？

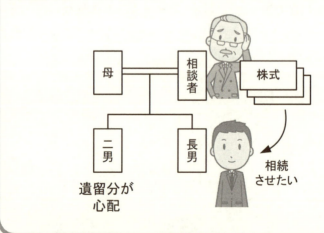

1 遺留分とは？

相談者から、遺言などで株やお金、不動産などの財産を長男に渡します。そうすると、財産をもらえない二男は不公平だと感じるかもしれません。そこで、法律は、「オレにも少しくれ」という権利を与えました。**この与えられた割合が遺留分です。**

遺留分の請求を受けると、長男は遺留分に相当するお金を二男に渡さなければいけません。お金があればよいのですが、お金がないときは大変です※。

この事例では、長男は会社の株を相続します。会社の株は売るわけにはいかないですし、簡単に買い手が現れるわけでもないのに、帳簿上の財産価値だけは高くなっていることがあります。数千万や数億になることも稀ではありません。

事例では、二男には遺留分が8分の1あります。遺産総額が8,000万円なら、二男から遺留分の請求を受けると、長男は1,000

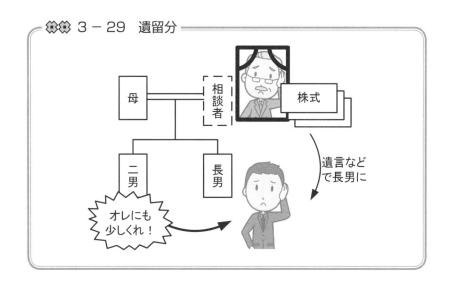

3-29 遺留分

7 遺留分の請求が心配

万円の現金を二男に渡さなければなりません。

※ 2019年7月1日施行の改正民法により、二男はお金のみの請求ができるようになり、長男は裁判所を通じて分割払いを認めてもらうことも可能になります。

2 株の2つの機能

　株には2つの機能があります（ここでお話しすることは法律の教科書で書かれている内容ではなく、現場での実際的な内容です）。

　1つは「**人事権**」など、**会社を経営する権限**です。株を持っている人が会社の人事権等の実権を握ります。簡単にいうと「ハンコの権限」です。

　もう1つは**配当や株を売ったときのお金をもらう権利**です。簡単にいうと「お金の権利」です。税務上の株の財産的価値は、この「お金の権利」（受益権）にあるといえます。

　今回の事例では、長男が会社の後継者です。ですから、長男が

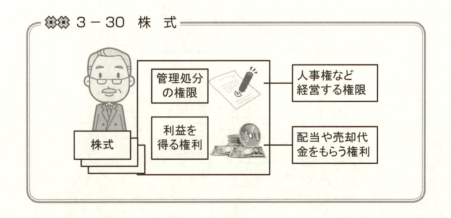

3-30　株式

人事権を握ることが重要です。もし長男が人事権を持っていなかったら、長男は後継者として社長になっても、いつでもクビにされる可能性があり、会社の経営が不安定になります。

ですから、後継者に株を持たせることはとても重要なのです。

3 二男に株を渡すと大変

二男が遺留分を請求するということは、兄弟間のケンカを引き起こすようなものです。遺留分の請求には、弁護士を立てたり裁判沙汰になったりと何かと大変です。残念ながらこうなると関係の修復はかなり難しいでしょう。「金輪際、二度と顔を合わせたくない」となることもあります。

遺留分の請求を受け、お金で解決できればいいのですが、二男に株を一部（事例では8分の1）渡すことになったら大変です。株には人事権があります。仲が悪くなった2人が、それぞれ人事権を持つのです。8分の1であれば、影響は大きくありませんが、それでも会社の経営に口出しされることになります。

ですから、事業承継においては、遺留分に対しては十分に注意する必要があります。

4 家族信託を使った対処法

信託の大きな特徴に「ハンコの権限」と「お金の権利」を分けられる、という点があります（次ページ3−31参照）。

株を長男に信託すると、人事権などの「ハンコの権限」は長男に渡ります。配当をもらう権利などの「お金の権利」（＝受益権）は、最初は先代にあります。この受益権に財産的価値があります

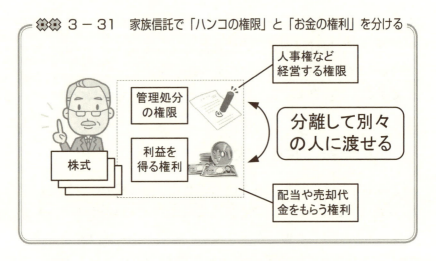

3−31 家族信託で「ハンコの権限」と「お金の権利」を分ける

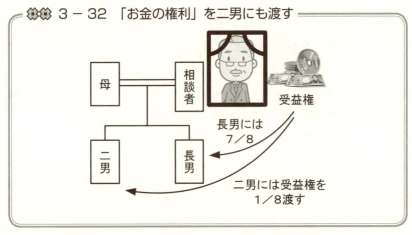

3−32 「お金の権利」を二男にも渡す

ので、**先代が亡くなった時に、この受益権を、後継者だけでなく、二男にも渡せばよいのです**（3−32参照）。そうすると、後継者である長男は人事権を完全に掌握できます。

　二男にも遺留分に対応するくらいの「お金の権利」（＝受益権）を渡していますので、二男はこれ以上、遺留分の請求はできません。株を渡さないため、実権が二男に行くこともありません。長

男は一度に多額の現金を用意する必要もありません。二男には「お金の権利」を一部渡していますので、今後は配当を出せばよいのです。将来的には、二男に渡った受益権を長男が少しずつ買い取っていけば、二男も納得しやすいでしょう。

このように、**家族信託を用いれば、遺留分に対応した事業承継**が可能になります。

5 その他の対処法

その他の対処法としては、生命保険を活用します。

会社が社長に生命保険をかけます。契約者が会社で、被保険者は社長、受取人は会社です。保険料は会社が支払います。株価が高い会社は利益も出ているでしょうから、保険料の支払いは問題がないと思います。

そして、社長が亡くなると保険金が会社に支払われます。この保険金を死亡退職金として、後継者の長男に支払います。そうすると、このお金は、長男が二男から遺留分の請求を受けたときの支払いに充てることができますし、相続税の納税資金にもなります。しかも、死亡退職金の一定額は、相続税の評価額から控除されます（つまり相続税が安くなるということです）。

このように、生命保険は使い方によってはとても便利です。

6 遺留分への対応　不動産の場合

家族信託を使った遺留分への対応は、他にも応用できます。
不動産を持っているけど、現金があまりない場合です。
不動産を長女に相続させたいけれど、二女からの遺留分に対応

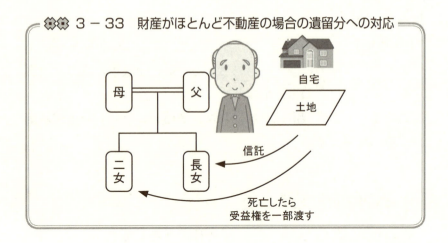

3-33 財産がほとんど不動産の場合の遺留分への対応

したいというケースで考えてみましょう。

　不動産が共有になると、不動産を人に貸したり、担保に入れたりするとき、共有者全員の合意が必要になります。共有者の意思疎通ができていればよいですが、そうでないと何もできなくなります。

　しかし、家族信託なら対応が可能です。不動産を長女に信託します。そうすれば「ハンコの権限」は長女に移ります。長女がその不動産を管理することができます

　そして、当初の所有者である父が亡くなった時に、「お金の権利」である受益権を、長女だけでなく、二女にも渡します。不動産の「お金の権利」（受益権）は、貸し地なら賃料をもらえる権利ですし、不動産を売却したときは売却代金をもらえる権利となります。

　こうすることにより、**不動産の共有を防ぐことができ、長女は多額の現金を用意する必要もなくなります**。また、遺留分のトラブルも防ぐことができるでしょうから、姉妹間の関係が壊れることもないでしょう。

　このように、家族信託を使えば、遺留分にも対応することができます。

8 認知症になってもアパートの管理を引き続き長女に任せたい

相談事例8

　私は70代の男性です。アパートを持っており、その家賃収入で私たち夫婦は生活しています。

　最近、時々物忘れをするようになってきて、自分が認知症になったら、と心配になってきました。

　先日、付き合いのある不動産業者に「私が認知症になったらどうなるのか」と聞いたところ、「成年後見人が必要になる」と言われました。そこで、成年後見人について調べてみましたが、いろいろ大変なことになりそうです。

　アパートの管理は、長女が手伝ってくれています。

　私が認知症になっても、これまで通り、長女がアパートの管理を続けられるようにできないでしょうか？

1 認知症になるとどうなるか？

　認知症については、最近では雑誌でも特集されるなど、社会的に注目されるようになってきました。

　人生100年時代と言われるようになりました。寿命が延びるに伴い、「自分も認知症になるかも…」と心配になる人も増えてきていると思います。実際、高齢になるほど認知症にかかる割合も高くなり、85歳以上になると、2人に1人は認知症になっているというデータもあります（二宮利治ら「日本における認知症の高齢者人口の将来推計に関する研究」）。

　認知症になると、普段の生活において介護が必要になるなど困ることになりますが、法律的にも困ることがあります。自分で判断して様々な手続きができなくなるからです。特に、アパートなどの財産を持っている場合、問題が生じることが多いです。例えば、賃貸借の契約ができなくなります。アパートの修繕についても有効に契約ができなくなります。さらに、賃料が入る銀行口座から生活費のお金をおろすこともできなくなります。このように、認知症で判断力がなくなると、アパート経営ではとても困ることになります。

2 成年後見人をつけるとどうなるか？

　成年後見人とは、認知症になった人の代わりに事務手続を行う人です。一言でいうと、「代わりにハンコを押す人」のことです。

　成年後見人は、家族などが申立てをして、家庭裁判所が選任します（右ページ3－34参照）。

　成年後見人に家族がなればいいのですが、多くの場合（7割以

✦✦✦ 3-34 成年後見人をつけると…

私がお父さんの成年後見人に選任された弁護士の○○です。

つきましては、お父さんの通帳を全部、預からせていただきます。

成年後見人

えっ？ 全部預かるのですか…？

上）は弁護士や司法書士、社会福祉士などの専門家が選任されています。家族だと、自分の財産や生活費との境界があやふやになりがちなため、家庭裁判所は専門職を選ぶ傾向が強いのです。

　お父さんが認知症になり、アパートの管理ができなくなったために成年後見人をつける手続きをすると、専門職である第三者が、今後はアパートの管理をすることになります。そして、お父さんの通帳などもすべて、成年後見人が預かることになります。

　そうすると大変です。アパートの賃貸の契約や修繕などは、成年後見人である専門職が行うことになります。お金も成年後見人が管理することになり、お父さんの生活費や医療費など、必要な支出は、成年後見人に支出の依頼をしないとできなくなります。

　そしてお金は、基本的にはお父さんのためしか使えなくなり、配偶者であるお母さんのための支出や、その他の家族のための支出が難しくなります。お盆や正月など、家族で食事をする際に、これまではお父さんがお金を出していたとしても、成年後見人がつくと、お父さんのお金から支出することが難しくなるのです。

　また、成年後見人の役割は、お父さんの財産を守ることに重きを置かれます。つまり現状維持です。アパートが古くなり、入居

率を上げるために大規模修繕をしようとしても、成年後見人としてはなかなか踏み切れません。給湯器の修理くらいは現状維持の範囲ですので可能ですが、外壁工事をするとか、室内のキッチンや設備を最新式のものに替えるなどといった比較的大きな工事は、「投資的な行為」と見られ、成年後見人の立場ではやりづらいものです。

そして、専門職が成年後見人になると、毎年費用が発生します。その金額は裁判所が決めますが、おおむね年36万円～60万円くらいだと見込まれます。この金額が一生続くことになります。

また、専門職の成年後見人と相性が合わなくても、変更することや辞めさせることは基本的にはできません。

ですから、アパートなどの資産を持っている場合は、認知症に対する対策を、元気なうちから考えておく必要があるのです。

③ 任意後見人ならどうか？

「任意後見」とは、自分が元気なうちに、自分が認知症になったときに備えて信頼できる人に後見人をお願いする制度です（3－35参照）。公正証書で契約を結びます。

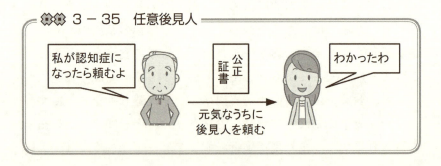

3－35 任意後見人

子供を任意後見人に指定しておけば、お父さんが認知症になっても、アパートの管理や通帳の管理は、子供が法的に正式な形で行えます。ですから、第三者が突然家に来て、お父さんの通帳をすべて持って行くことはありません。
　しかし、任意後見にも注意する点が2つあります。
　1つ目は、任意後見人には監督人がつくことです。監督人は家庭裁判所が選び、弁護士や司法書士などの専門家が選ばれます。財産の管理状況などは、定期的に監督人に報告しなければいけません。また、監督人に対して費用が発生します。その金額はおおむね成年後見人の半分くらいですので、年18万円〜30万円くらいです。この金額は家庭裁判所が決めますが、これが一生続きます。
　2つ目は、任意後見でも「投資的な行為」は難しいことです。アパートの大規模修繕は投資的な行為と見られます。そうすると、監督人の意見を聞く必要があり、監督人の意向によっては、大規模修繕はできなくなります。

4 家族信託なら解決できる！

　ところが、家族信託を事前に設定しておけば安心です。
　長女にアパートを信託しておけば、法律的に正式な形で長女がアパートの管理を行えます。賃貸借契約やアパートの修繕、受け取った賃料も長女が管理することになります。
　「大規模修繕もしてもよい」としておけば、長女の判断で大規模修繕も可能です。監督人が選任されることもありませんので、成年後見や任意後見のような制限もありません（監督人をつけることもできます）。さらに、賃料をもらえる権利（受益権）も自

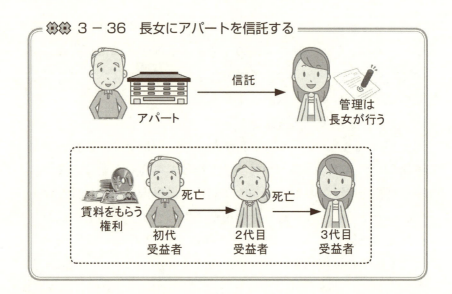

図3-36 長女にアパートを信託する

由に設定できるため、最初はお父さん、お父さんがなくなったらお母さん、お母さんが亡くなったら長女、と何代にもわたって指定しておくことも可能です。

ですから、万一、自分が認知症になったとき、成年後見だと色々大変だから別の方法を考えたいという場合、家族信託を設定しておけば安心です。ただし、家族信託は認知症になって判断力がなくなると設定できません。元気なうちに行う事前対策なのです。

5 税金はどうなる？

家族信託を設定すると、形式的ですが、名義が管理する人に移ります。事例では長女に名義が移ります。その場合、気になるのは税金です。

まず、家族信託は、お金のやり取りなく名義が移るため、見た目上はアパートを生前贈与したように見えます。そうすると、贈与税が課税されるかどうかが問題になりますが、家族信託では贈与税が課税されないようにできます。
　税金上は、財産権は受益権（賃料をもらえる権利など）にあると見られますので、この受益権が動かなければ税金は発生しません。アパートの賃料を、信託設定後もお父さんがもらうように設定します。すると、受益権はお父さんにあることになり、財産権である受益権が動いていないため、贈与税はかかりません。将来、お父さんが亡くなり、受益権がお母さんに移った際に相続税がかかります。亡くなって財産権が移ったからです。このように、家族信託では財産権が移った際に税金がかかるのです。
　また、不動産の名義が移ったときにかかる税金といえば、不動産取得税です。名義を動かした際に一度だけかかります。信託には特例があり、設定時には不動産取得税はかかりません。ただし、終了時にはかかる場合があります。信託が終了して、アパートをお父さんかお父さんの相続人が取得すればかかりませんが、それ以外の人（例えば孫）がアパートの名義をもらうと、不動産取得税がかかります。
　次は所得税です。賃料の所得は誰のもので、誰が確定申告をするのかという問題です。これは賃料をもらう権利を持つ人（受益者）に課税されます。事例では、まずはお父さんがこれまで通り確定申告をすることになります。
　後は不動産登記の際にかかる登録免許税です。これは登記の際にかかる税金で、信託の場合は、贈与や売買で名義を移したときに比べて、5分の1程度の税率で済みます。
　まとめると、家族信託を設定した際は、通常、贈与税はかから

ない、不動産取得税もかからない、確定申告はこれまで通りオーナーが行う、登録免許税は5分の1程度で済むということになります。

オーナーが亡くなった際に相続税がかかることは、信託をしてもしなくても同じです。また、信託終了時に、名義がオーナーの相続人以外に行く場合には不動産取得税がかかる点も、信託をしない場合と同じです。

このように、家族信託を設定しておけば、オーナーが認知症になっても、これまでと同じようにアパートの管理ができます。成年後見人として第三者が入ってくることもありません。成年後見のような現状維持だけにとどまらず、大規模修繕や、場合によっては新たな物件の取得も可能であるなど、かなり自由度が高い、これまで通りの管理が実現できるのです。

やはり法律は知っている人の味方ですね。

9 面倒を見てくれる長男にできるだけ財産を渡したい

相談事例9

　私は80代の女性です。自宅は、1階と2階部分が店舗になっており、その賃料と年金で生活しています。

　ここ数年、体が弱くなり、1人で出歩くことが難しくなりました。

　長男が仕事で忙しい中、私を病院や銀行に連れて行ってくれたり、買い物をしてくれたりと、面倒を見てくれるため、とても助かっています。

　夫は5年前に亡くなりました。その時の相続で、二男が相続権を強く主張して、相続が大変でした。それ以来、二男との関係もギクシャクするようになりました。私が何かと手伝ってほしいときも、長男は快く引き受けてくれますが、二男はまったく手伝ってくれません。

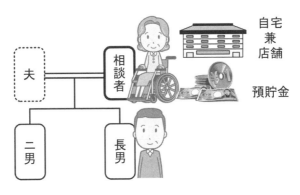

私の相続の際も、何もしておかないと多分揉めると思います。ですから、それ相応の準備をしておきたいです。
　私が認知症になったり、体が動かなくなったりしたら、お金のことや店舗のことは、長男に任せたいです。それから、家族が集まって食事をしたり、孫が結婚したりするときには、お金を出してあげたいです。
　どのようにすればよいでしょうか？

> **相談者のご希望**
> ・相談者が認知症になっても、自宅兼店舗の管理や、お金の管理は長男ができるようにしておきたい。
> ・家族が集まって食事をしたり、孫が結婚したりするときのお金は出してあげたい
> ・できれば財産は長男に渡したい。
> ・二男との相続トラブルは避けたいので、遺留分程度は二男に渡すようにしたい。

　ここまでは、1つの問題点を解決するために、家族信託や他の方法をどのように使ったらよいかを説明しました。しかし、実際には、相談者は様々な問題やご希望を同時に持たれていることがよくあります。そこで、ここではトータルな解決事例をご紹介します。
　今回の相談者は、複数のご希望があります。そして、このような場合、家族信託だけでなく、遺言や任意後見、生命保険などを組み合わせながら解決を図ることが多いです。実際の相談では、どのように解決しているか、以下でその一端が見られると思います。

1 何もしないとどうなるか？

① 認知症になった場合

　認知症などで判断力がなくなると、すべての契約や事務手続ができなくなります。

　銀行に行って、お金をおろすこともできなくなりますし、病院や介護の支払いもできなくなります。さらに、ご家族で食事をしてその代金を出すことや、お孫さんの結婚のご祝儀を出すことも、法律的にはできなくなります。

　もちろん、店舗のテナントさんとの賃貸の契約もできなくなりますし、賃料の未払いが発生したとしても、「払ってください！」と言えなくなります。実際には弁護士や司法書士に依頼して取り立ててもらうのでしょうが、弁護士や司法書士への委任もできません。

　そして、将来、自分の財産を長男に渡したいと思っても、遺言も書けなくなります。

　このように、判断力がなくなると、とても困ったことになってしまいます。実際は程度の問題でもありますので、調子の良いときは「できる」、調子が悪いときは「できない」ということになるかもしれません。しかし、さすがに子供の顔もわからないという状態になると、あらゆる契約や手続きはできないと考えられます。

② 成年後見人をつけたらどうなるか？

　このように、何も対策をしないまま、認知症などで判断力がなくなると大変です。

お金もおろせなくなりますし、医療費や施設費の支払いもできなくなるからです。その場合、家庭裁判所から成年後見人をつけてもらいます。

成年後見人は、判断力がなくなった人の代わりに、様々な事務手続を代行する人です。専門家がなることが多く、この人が通帳をすべて持って行ってしまいます。家族のためにお金を使うことも難しくなります。本人が元気なとき、どんなに望んでいても、です。また、専門家への報酬も一生続きます。ですから、「成年後見は避けたい」という相談もよくあります。

何も対策をしないまま認知症になり、成年後見人をつけざるを得ないという状況になるのは避けたいものです。

③ 亡くなった場合

遺言などを残さずに亡くなると、遺産分けの際は、相続人全員のハンコが必要になります。つまり、長男と二男で話をして、誰がどの財産をもらうかを決めて、遺産分割協議書に実印を押す必要があります。

今回の事例では、二男はお父さんの相続時に権利を強く主張して大変だったとのこと。何も対策せずに亡くなられると、残された長男が困ることになるでしょう。

2 どのような対策ができるか？

このように、何も対策をしないと、認知症になったときや亡くなられたときに、とても困ることになります。ですから、親としては、残された子供が困らないような対策をしておくべきですね。

では、どのような対策が考えられるでしょうか？

まずは、対策する財産の種類ごとに考えます。自宅兼店舗。今あるお金のうち「対策するお金」と「手元に残したいお金」。そして、年金など将来入るお金ですね。

そして、これらを2つの時期別に考えます。「認知症になったとき」と「亡くなられたとき」です。

認知症になったとき、亡くなられたとき、それぞれで相談者の希望が叶えられるようにします。それらの時期別に対策をまとめると、3－37のようになります。

3－37　財産の種類・時期別の対策

財産の種類	認知症になったとき	亡くなったとき
自宅　兼　店舗	長男に管理してもらいたい 家族信託	長男に渡したい 家族信託
預貯金／対策するお金	食事や孫の結婚で使いたい 家族信託	長男に渡したい 遺留分は二男に渡したい 家族信託／生命保険
預貯金／手元に残すお金	長男に管理してもらいたい 任意後見	長男に渡したい 遺言
今後入るお金（年金）	長男に管理してもらいたい 任意後見	長男に渡したい 遺言

このように、家族信託、任意後見、遺言、生命保険を組み合わせて対応します。

財産の種類ごとに見ていきましょう。

① 自宅兼店舗

家族信託で対応します（３－38参照）。

そうすれば、認知症になっても、長男が管理できます。また、大規模修繕が必要になっても、家族信託なら対応可能です。任意後見だと、監督人との協議次第のところがあるため、家族信託で対応したほうがベターでしょう。

亡くなられた後は、自宅兼店舗が長男に渡るように家族信託で設定します。

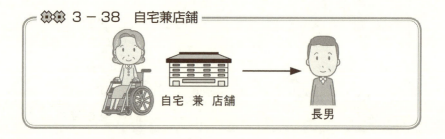

※※ ３－38　自宅兼店舗

自宅　兼　店舗　→　長男

② 対策するお金

認知症の対策としては家族信託です（右ページ３－39参照）。

家族信託をしておけば、家族への食事やお孫さんへのご祝儀なども、このお金から出すことができます。

亡くなられた際も、家族信託をしたお金は、長男に渡すことができます。二男のハンコは不要です。

3-39 対策するお金

　生命保険は主に遺留分対策に使います（3-40参照）。

　すぐに使わなくてよいお金があれば、生命保険に加入します。保険金は一括で払いますので、生命保険会社に定期預金をするイメージです。受取人は長男を指定します。二男にしない点に注意してください。

　そうすると、法律上、面白いことが起こります。長男が受け取る死亡保険金は、長男がもともと持っていた自分のお金（「固有の財産」といいます）とされ、遺留分を計算するときは遺産の総額から除外できるのです。

　例えば、相談者が総額8,000万円の財産を持っていたとします。そのとき二男の遺留分は2,000万円です。長男は、二男から遺留

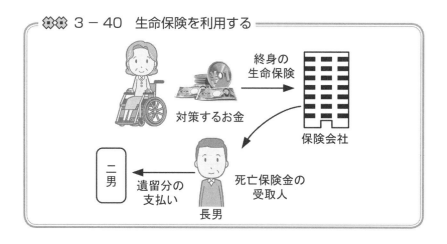

3-40 生命保険を利用する

9　面倒を見てくれる長男にできるだけ財産を渡したい

分の請求を受けると、2,000万円を払わなければならなくなります。

ところが、相談者が2,000万円の生命保険に入ると、長男は最終的には2,000万円を受け取れるのに、この2,000万円の生命保険を除いた額で遺留分を計算してもよいことになるのです（3－41参照）。つまり、6,000万円の財産をもとに遺留分を計算することになります。このとき二男の遺留分は、1,500万円になり、500万円も減ります。長男は受け取った死亡保険金2,000万円から1,500万円を二男に払い、残り500万円は手元に残すことができます。

また、生命保険の死亡保険金は、一定額が相続税の計算上、非課税となります。今回のケースでは1,000万円分が非課税となります。つまり、生命保険に加入するだけで、相続税を計算するときの遺産総額を8,000万円から7,000万円に減らすことができるのです。これだけで100万円以上、相続税の支払いが変わることになります。

ただ、生命保険は加入してすぐ解約すると、戻ってくるお金が目減りしますので、注意が必要です。それでも、当面使わなくてもよいお金がある場合なら、生命保険はとても有効な対策の1つになります。

3－41　二男の遺留分

	法律上の遺産総額	二男の遺留分
保険加入　前	8,000万円　⬇	2,000万円　⬇
保険加入　後	6,000万円 （死亡保険金の2,000万円は遺産から除外）	1,500万円 （500万円減少）

③ 手元に残すお金・今後入るお金

　今あるお金すべてについて、信託したり、生命保険に入ったりすることは、不安だと思います。やはり手元には少しは残しておきたいでしょう。また、年金など、将来入ってくるお金もあります。これら自分の手元に残るお金も、認知症、死亡に備えた対策が必要です。

　認知症になったときの備えとしては、任意後見です（3－42参照）。そうすれば、認知症になっても長男がお金の出し入れができ、各種の支払いができます。

　亡くなられた際の備えとしては、遺言です。公正証書で作成したほうが無難です。遺言で「長男に渡す」としておけば、二男のハンコなく長男が相続の手続きをすることができます。

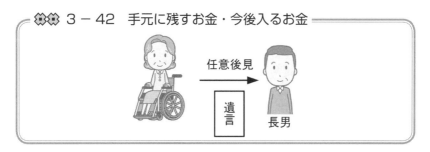

3－42　手元に残すお金・今後入るお金

④ でも一番大事なのは…

　このように実際の相談では、様々な希望をトータルに解決することが求められます。

　認知症対策は、家族信託と任意後見が基本。相続対策は、遺言、家族信託が基本です。遺留分や納税のためのお金を用意するために生命保険を活用することもあります。場合によっては生前

贈与の活用も検討します。

　しかし、**一番大事なのは、相談される人や、ご家族の思いです。**

　あまり法的な対策に偏り過ぎると、家族の関係がギクシャクする可能性もあります。一番大事なのは、相続税の対策ではないと思います。納税資金の対策でもないでしょう。「ご家族が今後も円満に過ごせる仕組みをつくること」が最も重要だと考えています。もし専門家が検討した対策を実行した結果、ご家族の関係に亀裂が入ったら、それは**お金では取り返せません**。ですから、相談される人やご家族の思いがしっかり反映される形をつくることが大事だと考えます。家族信託や、任意後見、遺言、生命保険などは、ご家族の思いを実現させるための道具です。

　今回の事例は、認知症対策と、二男には遺留分程度しか用意しないという相談に関する対策でした。法律を駆使すれば、このような対策は可能です。でも、今回の対策を通じてご家族が色々と話し合い、ご家族の絆が深くなるなら、そちらのほうが価値あることだと思います。

　法律は知っている人の味方です。でも、それ以上に大事なものがある。著者である私も自戒を込めて心がけていきたいです。

COLUMN　家族信託はどんな事例が多い？

　私が受ける相談は、8割程度が「認知症対策」についてです。

　親が最近、物忘れが多くなってきた。このままいくと認知症になるかもしれない。認知症になると財産が凍結されるらしい。財産が凍結されると、介護費用などが出せなくなると聞いた。色々

調べたところ、家族信託という方法が良いらしいことがわかったので相談に来た。認知症が進むと手遅れになるので急いでいる。

　そのような経緯で、認知症に対する事前対策として家族信託を選択される方が多いです。
　もちろん、認知症でお金などの財産が凍結されても、家庭裁判所から「成年後見人」をつけてもらえば、普段の生活費や介護費用などを出すことが可能になります。
　しかし、この成年後見人は普及が進んでいません。その理由としては、以下のようなことが挙げられます。
・7割以上のケースで司法書士などの第三者が選ばれ、家族が選ばれることが少ない
・家族の食事会など、今まで出せていた費用が出せなくなることもある
・第三者の後見人に費用が発生し、それが一生続く
ですから、「成年後見は避けたいので」として相談される方が多いのです。

　認知症対策として他に多いケースは、以下のようなものです。
・アパートを持っているが、管理を子供に任せたい
・施設に入ったら自宅を売却し、そのお金で施設費用を出したい
　アパートの管理は、成年後見人でもできます。しかし、第三者が家族の資産のやりくりをするのを避けたいという人が多いのも事実です。
　自宅の売却は、成年後見では家庭裁判所の許可が必要なため、難しくなります。ところが家族信託では、自宅の売却も子供などに任せることができるため、スムーズに売却が可能です。

　また、最近増えてきているのが、会社の経営者の認知症対策です。
　経営者が認知症になると、自分では、自分の財産を会社のため

に使えなくなります。成年後見人をつけても、やはり経営者の財産を会社のために使うのは難しいのです。成年後見は、本人（経営者）のために財産を「守る」制度です。「自分のため」に自分の財産を使うことはできますが、「会社のため」に自分の財産を使うことはできないからです。つまり、成年後見では、会社の経営は難しいということです。

しかし、家族信託なら、「会社のため」に経営者個人の財産を使うことができます。そのため、経営者が認知症に備える事前対策として、家族信託を選択されるケースも増えてきました。

このように、認知症に備える事前対策として家族信託を選択される人は多いです。

では、相続対策はどのようにしているのでしょうか。

相続対策では、家族信託だけでなく遺言を併用することを勧めています。家族信託は、選択した財産だけを扱うために、どうしても漏れる財産があります。ですから、相続対策では家族信託だけでなく、遺言も活用することが多いです。

また、すでに遺言を作成している人は、財産の行く末はその遺言通りにしてほしいということもありますし、遺された家族で相談して決めてほしいという場合もあります。

このように、認知症対策は家族信託で、相続の際は遺言や相続人で決めるという使い分けをされるケースもあります。

高齢化が進むと認知症になる人も多くなります。85歳以上では半数以上が認知症という調査結果もあります。高齢化社会を支える仕組みとして、家族信託は今後ますます注目されていくと考えられます。

第4部 家族信託のよくある質問

ここまで読み進めてくると、色々と疑問も出てきませんか?
それは、家族信託の理解が進んでいる証拠です!
第4部では、私が家族信託のセミナーや相談においてよく受ける質問をまとめました。

1 家族信託のデメリットは？

質問

家族信託には様々なメリットがあるとわかりましたが、デメリットはないのでしょうか？

回答

明確なデメリットは、所得の損益通算ができなくなることです。

所得税の申告を行う際に、信託した事業と、その他に営んでいる個人事業とで、損益の合算（損益通算）ができなくなります。

農業経営をされている方が、収益不動産をお持ちのケースで説

4-1 損益通算ができなくなる

農業経営 → 個人事業のまま継続
収益不動産 → 信託

農業が赤字、収益不動産が黒字でも損益の合算（損益通算）ができなくなる（その逆も同様）

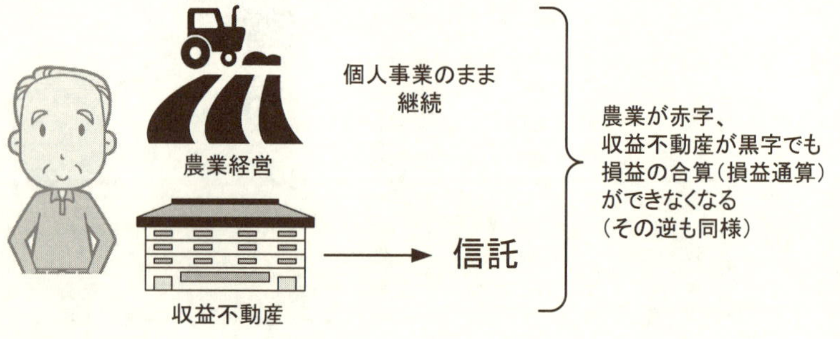

明します。

　確定申告をする際は、農業経営の損益と収益不動産の損益を合算して所得を計算し、確定申告をします。農業経営が赤字で、収益不動産が黒字の場合、農業の損失を収益不動産の黒字で補填しますので、全体としては所得が低くなり、所得税も低くなります。しかし、収益不動産を信託すると、信託した収益不動産と、農業経営の損益通算ができなくなりますので、結果的に所得税が高くなる場合があります。

　これが家族信託をした場合の典型的なデメリットです。その他に大きなデメリットはありません。

　将来に備えるための典型的な手続きとして、他には遺言があります。遺言のデメリットはどのようなものでしょう？　遺言は、相続争いを防いだり、自分の財産を望む人に渡したり、家族にメッセージを残したりするためのもので、大きなデメリットはありません。家族信託も同様で、将来の万一に備えるためのものです。ただ、遺言には遺言の特徴があり、家族信託には家族信託の特徴がありますので、必要に応じて遺言や家族信託を使い分ければよいのです。

　家族信託を設定する段階で、自分の財産をどうするかなど、普段、家族とできなかったような話をすることになりますので、家族との絆が深まったという方は多いです。また、漠然と感じていた不安が取り除かれ、大きな安心感を得ることができます。もちろん万一のときに対処することが可能になります。

　しかし、注意していただきたい点もあります。それは、不完全な信託を設定することです。不完全な信託を設定すると、不用意

なところで税金の課税があったり、財産が動かせなくなったりすることがあります。家族信託は、認知症対策や相続対策など、将来に備えるための手続きですから、万一のときにも対応できるように、しっかりした内容で設定する必要があります。

　私が目にしたことがある不完全な信託の例としては、設定時に大きな贈与税がかかるもの、設定後1年で意図せず強制終了してしまうものなどがありました。このような信託を組んでしまうと意味がありません。信託の設計には、家族信託に精通している専門家に相談することをお勧めします。

2 家族信託は投資のこと？

質問

「信託」というと、投資信託が浮かびます。
家族信託も同じ「信託」という文字が入っていますので、投資のことでしょうか？ 収益や利益率などと関係があるのでしょうか？

回答

　家族信託は投資信託とはまったく関係ありません。ただ、同じ「信託」という名前がついていますので、仕組みは同じです。
　家族信託と投資信託は、管理する人（受託者）や目的が違います。
　投資信託は、自分のお金を証券会社や銀行などを通じて、信託会社に託します。信託会社は託されたお金を運用して利益を出し、その利益を託した人に還元します。そして信託会社は、託されたお金や運用益から信託報酬を得ます。投資信託の目的は利益を出すことです。受益者は投資信託を購入した人です。
　一方、家族信託は、不動産、お金、会社の株などを、自分の家族など信用できる人に託します。託された人はそれらの財産をしっかり管理して賃料を得たり、必要な支払いなどをしたりし

❈❈ 4−2　家族信託と投資信託の違い

種　類	管理する人 （受託者）	目　的	受益者
投資信託	信託会社	利益を出すこと 資産を増やすこと	信託した人（自分自身）
家族信託	家族など （信頼できる個人や法人）	家族や自分を守る 望む人に財産を渡す	自由に設定できる

て、受益者の生活をしっかりサポートします。家族信託の目的は、自分や家族を守ることや、自分が望む人に財産をしっかり渡すことです。ですから、受益者を自由に設定できます。

　このように、家族信託と投資信託は、同じ信託でもまったく別物です。

3 信託銀行を通さなくて大丈夫？

質問

家族信託も「信託」という言葉が入っていますので、信託銀行や信託会社を通さなければいけないのではないでしょうか？

回答

　家族信託は、信託銀行や信託会社を通す必要はありません。

　かつては、信託銀行や信託会社を通さなければ、事実上、信託をすることはできませんでした。しかし、小泉内閣（2001年〜2006年）の規制緩和のおかげで、信託銀行や信託会社を通さない個人間の信託（家族信託）が、簡単にできるようになりました。

　信託銀行や信託会社がする信託は、商業（商売）で行う信託ですから、「商事信託」といいます。一方で、信託銀行などを通さず、個人や一般の法人を使ってする信託は、民間でする信託という意味で「民事信託」といいます。また一般には「家族信託」ともいわれていますので、この書籍では「家族信託」と呼んでいます。「民事信託」も「家族信託」も意味はほぼ同じです。

　この家族信託は、アイディア次第で、様々な認知症対策や相続対策に活用できますので、近年注目されているのです。

4 信託できる財産は？

質問

家族信託することができる財産は、預貯金や不動産、会社の株だけでしょうか？ その他に信託することができる財産はありますか？

回答

財産的なものなら、何でも信託できます。

お金、不動産、会社の株、上場株や投資信託、国債などの有価証券、著作権なども信託できます。

実はここで一点問題があります。法律上、信託が可能でも、手

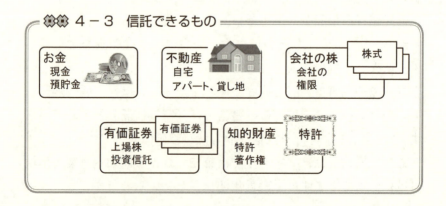

4-3 信託できるもの

続上、難しいことがあるのです。

　不動産を信託すると、受託者（財産を管理する人）に法律上名義が移り、不動産登記という手続きを経て、書類上も名義が移ります。不動産登記は国の機関が扱うので、名義を移す手続きは問題なく可能です。

　一方で、お金を信託した場合は、保管する口座に少し問題があります。最も良い保管方法は、信託口の口座を開いて、その口座で信託したお金を保管することです。しかしながら、信託口の口座は、金融機関によっては開設に応じてくれなかったり、たとえ開設できたとしても、信託本来の機能が満たされていなかったりするなど、金融機関によって対応がまちまちです。したがって、お金を保管するための口座は、受託者が金融機関で通常の預貯金の口座を開設して、そこで保管すればよいと考えられます。信託の口座のお金は、受託者の生活費など個人的な支出には使わず、また、口座には受託者の個人的なお金も入れないように気をつけてください。

　投資信託の権利や上場株を信託した場合も同様です。法律上は、投資信託や上場株を家族信託することは問題ありません。しかし、証券会社などが窓口で家族信託に対応するかは難しいところがあります。

　金融資産を家族信託した場合、名義を移す手続きは金融機関の協力が必要です。金融機関の家族信託に対する理解が進むことが望まれます。

5 受託者が悪いことをしたら？

質問

お金や不動産を信託して、受託者がお金を使い込んだり、勝手に不動産を売却したりしたら、どうなるのでしょうか？

回答

　もちろん契約違反ですし、場合によっては犯罪（業務上横領罪）になることもあり得ます。しかし、使い込み自体を防止することは難しいです。信託は「信」じて「託」す手続きだからです。

　それだけでは不安な場合もあると思います。財産を託された受託者が、しっかり財産を管理しているか、信託の状況をチェックする人を置くことができます。このような人を「信託監督人」といいます（右ページ４－４参照）。

　信託監督人を、信頼できる親戚や、司法書士や弁護士などの専門家に頼むことにより、受託者がしっかり財産を管理しているかをチェックすることができます。信託監督人になるために資格は必要ありませんが、信託のことを理解している専門家などが適任でしょう。

4-4 信託監督人

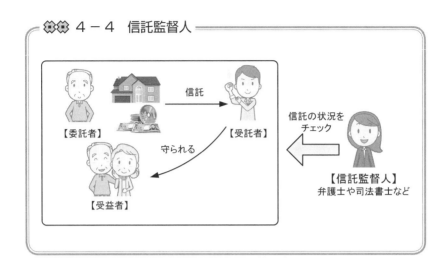

　また、受益者は財産を管理する受託者を監督する役目がありますが、受益者が幼い子である場合、認知症、知的障がいなどがある場合は、受益者本人の代わりに様々な判断をする「受益者代理人」を置く場合もあります（次ページ4-5参照）。
　受益者代理人は、受益者のために、受託者を監督しつつ、いつもより余分にお金が必要かどうかや、不動産の修繕の判断など、受益者本人に代わって様々な判断をすることができます。
　受益者代理人は、きょうだいなど家族で別な人を置く場合が多いです。特に、「自宅を売却する」など重要な判断を将来行う信託においては、「家族で相談して決めた」という形をとることができます。そうすれば、将来的に家族の中でトラブルを防げると考えられるからです。
　このように信託監督人や受益者代理人を置くことにより、信託をより安心なものにできるのです。
　ただ、そもそも信じて託せる人がいないのであれば、家族信託を利用しないほうがよいといえます。

4-5 受益者代理人

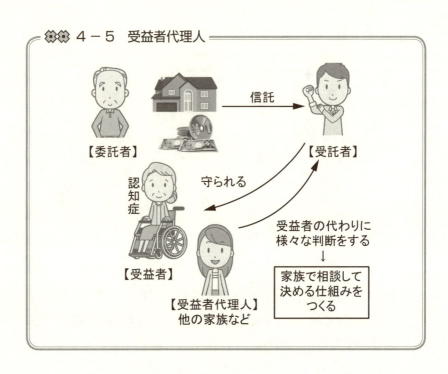

COLUMN　受託者は悪いことをするか？

「受託者が悪いことをするのではないか？」という質問は、税理士や司法書士など、いわゆる専門家向けのセミナーをするとき、ときどき受ける質問です。相続トラブルなどの現場を見てきているからこそ、そのような疑問が湧くのでしょう。

しかし、このような質問は、一般市民向けのセミナーや、自分の財産を信託したいという人からの相談では、あまり聞きません。

自分で信託を設定しようとしている人は、誰に頼むかを明確に頭の中にイメージができているはずです。自分の子供だったり配偶者だったりするのでしょう。それまで何十年も一緒に過ごしてきているし、その人がどのような行動をするかもわかっているはずです。まさに「信」じて「託」せる人なのでしょうね。逆にそのように信じて託せる人がいない場合、そもそも家族信託をしようという発想にはならないのだと思います。

私がこれまで携わってきた案件は、委託者と受託者に堅い信頼関係があるように感じられるケースばかりでした。

確かに、家族信託では受託者が悪いことをする可能性も否定できません。しかし、そもそも家族信託を設定しようと考える方は、まさに「信」じて「託」せる人がいるということでしょうね。

6 受託者を知り合いの税理士や弁護士に頼めるか？

質問

私の身内に、財産管理を頼めるような人がいません。いつも相談に乗っていただいている税理士さんなら信頼できるのですが、その税理士さんに受託者を頼んでもよいでしょうか？

回答

お勧めしません。

受託者を業（反復継続して職業のように行うという意味）として行うと、信託業法に抵触し、罰せられます。

税理士さんが受託者になる場合、財産管理を業として行うことになると考えられます。別な人からも受託者を頼まれる可能性がありますので、一度だけでも問題になる場合があります。報酬を受け取るかどうかは関係ありません。税申告の追加サービスとして行うことも考えられるからです。家族信託の受託者は、家族などあくまでも個人的なつながりがある人にお願いするべきです。

一方で、自分の会社を受託者として信託する場合はどうでしょう？　これは大丈夫である可能性が高いです。あくまでも受託者を反復継続して行うことにならなければ問題ありません。

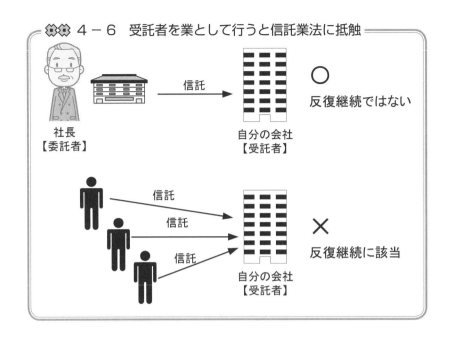

　不動産を自分の会社に信託する場合は、自分の不動産を信託すれば終わりですから、反復継続ではありません。信託の受託者になることを商売にしているわけではありませんので、信託業法に抵触しないと考えられます。
　一方で、不特定多数の人から信託を受ける場合は、反復継続しているといえるでしょう。この場合は、信託業法に抵触すると考えられます（4-6参照）。

　以上のように、信託の受託者を業（反復継続）として行う可能性がある場合は、信託業法に違反すると考えられます。私も、受託者になることはお断りしています。

7 受託者に報酬を払ってもよいか？

質問

　身内がいないので、いつもよくしてくれる近所の人に受託者をお願いしようと思います。不動産の管理など大変だと思いますので、少しは報酬をお支払いしようと思いますが、可能でしょうか？

回答

　可能です。
　報酬を払ったことだけで、業と認定されるわけではありません。
　報酬を支払うには、信託契約の中で報酬を支払う旨を明記する必要があります。信託契約の中で明記しておかなければ、報酬を支払うことができません。支払う額や計算方法までは信託契約で定めておく必要はありませんが、定めておいたほうが、後々トラブルを防げるでしょう。
　問題はいくらまでなら支払ってよいかです。1つの目安としては、収益不動産なら賃料収入の5％程度といわれています。あまりに多額になると、業と認定される可能性もありますので、注意してください。

8 受託者が認知症になったり、死亡したりしたら？

質問

財産を管理する受託者が認知症になったらどうなるのでしょうか？　財産を管理することができなくなると思います。
また、受託者が死亡した場合はどうなるのでしょうか？　受託者の相続人に、信託された財産が相続されるのではないでしょうか？

回答

　この場合、新しい受託者が引き継ぐことになります。
　家族信託は数十年続くこともありますので、途中で財産を管理する受託者が、認知症になったり死亡したりするケースもあります。財産を管理する受託者が亡くなっても、信託された財産は受託者の相続人に相続されません。後任の受託者に引き継がれます。
　通常は、信託契約の中で後任の受託者を定めておきます。ですから、受託者の判断力がなくなったり死亡したりしても、新しい受託者により財産の管理は継続されます。
　万一、契約の中で後任の受託者を決めていない場合、法律上、委託者と受益者の合意で後任を決めることができます。委託者が

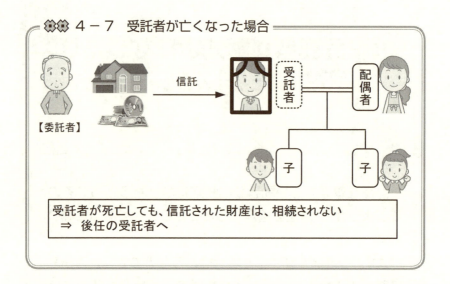

　死亡すると委託者の権利は相続されますので、思わぬ人が委託者になるケースがあります（契約の中で相続されない旨を定めることもできます）。また、委託者がいない場合、受益者だけで後任を決めますが、受益者が認知症になっていることもあるでしょうから、その場合は、受益者に成年後見人をつけて、後任の受託者を定めることになるのでしょう。

　このように、ややこしい話になりかねませんので、後任の定め方を法律任せにするのは怖いところです。ですから、通常は、後任の受託者を信託契約書で定めておきます。そうすれば、財産を管理する受託者が死亡したり、認知症になったりするリスクにも対処できます。

9 受託者がもし破産したら？

質問

信託をすると、不動産やお金などが受託者の名義に代わりますが、その受託者が万一破産したらどうなるのでしょうか？ 信託したお金や不動産までとられたら困ります。

回答

受託者が破産しても、信託された財産は守られますので、ご安心ください。

信託すると、財産の名義が受託者に変わります。しかし、信託された財産と受託者自身の財産は、法律上、扱いが異なります。信託された財産は、受託者が破産されても守られます。受託者が自分の借金の返済が滞って、債権者から差し押さえられるときも、信託された財産は差押えができません。ですから、受託者が破産しても、信託された財産は守られます。

そして、法律上は、受託者が破産すると、新しい受託者に交代しなければなりません（信託契約の中で、破産しても交代しなくてよい旨の規定を置くことはできます）。

では、財産を託した委託者や、信託によって守られる受益者が

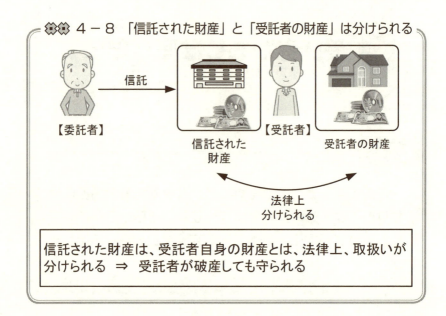

破産すると、どうなるのでしょうか？

　委託者は、信託するとその財産を持っていないことになります。ですから、破産してもその財産を持っていかれることはなく、影響はありません。

　しかし、受益者が破産すると問題です。受益者は、「受益権」という財産を持っていることになっていますので、破産した場合、受益権がとられることになります。実際は、信託契約が解除されて、不動産なら売却されてしまうでしょう。

　信託を設定した当初は、通常、委託者が受益者になるでしょうから、受益者である委託者が破産すれば、信託された財産は差し押さえられることになります。

10 家族信託をすれば、遺言はなくても大丈夫？

質問

家族信託は万能な印象です。家族信託を設定しておけば、遺言は必要ないのでしょうか？

回答

　私は、依頼された多くの方には、遺言も一緒に作成してもらっています。
　家族信託は、土地や会社の株など、特定の財産だけを対象にしています。したがって、家族信託が対象としていない財産をどうするかを、遺言で定めておくことをお勧めしています。家族信託を設定した後、新たに財産を取得する場合もあります。例えば、年金などはその典型でしょう。
　このように、家族信託ですべての財産の対応ができるわけではありませんので、遺言も一緒に作成することをお勧めします。
　認知症対策、相続対策として家族信託をすることが多いですが、これらの対策の中で、家族信託は選択肢の１つです。成年後見、任意後見、遺言、生命保険、生前贈与など、様々な方法があります。どの方法も、それぞれ特徴やメリット・デメリットがあります。状況に合わせて、これらの方法を組み合わせて最適な状

4-9 遺言も必要

信託した財産

信託していない財産

後から取得した財産

遺言で対応

態をつくっておくことが重要です。

　家族信託は、これまでの方法では解決できなかったことをキレイに解決することができますが、それだけで万能というわけではありません。

11 遺言と信託がどちらもあったら、どちらが優先？

質問

すでに遺言を書いています。しかし、家族信託も利用したいと思います。遺言と家族信託が両方あったら、どちらが優先されるのでしょうか？

回答

　家族信託のほうが優先されます。
　遺言は、「自分の財産」を誰に渡すかを決めるものです。信託を設定すると、形式的に財産の名義が受託者に移ります。自分の財産ではなくなるのです。ですから、信託した財産に関する部分は遺言が無効になるわけですね。
　これは、遺言で書いた財産を売却した場合も同じです。
　遺言で、「自宅は娘に相続させる」と書いても、その自宅を生前に売却したらどうなるでしょうか？ 自宅はすでに買主名義になっていますので、自宅について書いた遺言の内容は、実現することができなくなります。これと同じです。
　同じ財産に遺言と家族信託が両方ある場合、家族信託が優先されます。家族信託していない財産については、遺言は引き続き有効です。

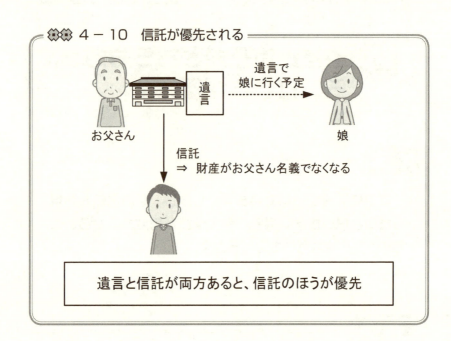

12 家族信託は公正証書で作成しなければならない？

質問

家族信託の契約書は、公正証書で作成しないといけないのでしょうか？ それとも、パソコンでつくったものに、署名、押印したものでも有効でしょうか？

回答

　家族信託は公正証書で作成しなくても有効です。しかし、確実性を高めたい場合は、公正証書で作成することをお勧めします。

　法律上、家族信託は口約束でも成立します。しかし、財産の管理方法や、2番目、3番目の受益者を誰にするか、信託が終わった時の財産を誰の名義にするかなど、定めなければいけないことは多岐にわたります。とても口約束でできる内容ではありません。

　書面で作成すべきですが、その様式に決まりはありません。パソコンでつくった書面に、委託者と受託者が署名・押印すれば成立します（成立には関係ありませんが、200円の収入印紙を貼る必要があります）（次ページ4－11参照）。

　ただ、パソコンで作成した書面に署名・押印だけでは、他の家族や関係者から、家族信託の成立を争われる可能性があります。

4-11 家族信託契約書

これで成立
※実際には、信託の内容を詳細に記載します。

そのような心配があれば、公正証書で作成することをお勧めします。公正証書ではないですが、公証人の面前で「この書面は自分の意思で作成しました」という旨を宣誓して、公証人から証明印をもらう方法もあります。これを「宣誓認証」といいます。宣誓認証も、それなりの証明力がありますので、お勧めです。

家族信託契約書を作成し、署名・押印したら、公証役場で宣誓認証したり、最低でも公証役場や法務局で確定日付を取ったりしておくべきでしょう。

また、家族信託は、遺言の形式でも設定することができます。遺言による場合、受託者の押印は不要です。しかし、自分が亡くなった後に、受託者から「聞いてない」と言われると、信託した意味がありません。そうならないためにも、信託することについて、受託者予定の人から了解を得ておくことは必要でしょう。この場合も、公正証書遺言の書き方の方法と自筆証書遺言の方法があります。どちらの方法でも有効ですが、信託の内容をすべて手書きで書くのは大変だと思います（ただし、財産目録はパソコン

※※ 4－12　自己信託

作成でも可能です）。遺言で信託する場合は、確実性を高める意味でも、公正証書遺言ですべきです。

　この書籍では詳しくは触れていませんが、自分が自分に信託する方法もあります。これを「自己信託」といいます（4－12参照）。こうすることにより、家族信託の特徴を利用して、受益権を何世代にもわたって指定できるようになります。自己信託は公正証書などの書面で作成されなければなりません。

　このように、家族信託の設定方法は何通りかあります。状況に応じて公正証書にするか、パソコンでつくって確定日付にするかなど、使い分ければよいでしょう。

13 家族信託は自分でつくることができる？

質問

インターネットで家族信託の契約書のサンプルを見つけました。このサンプルを使えば、自分で家族信託の契約書を作成することができるのではないかと思います。いかがでしょうか？

回答

　家族信託を設定する場合は、家族信託に精通するプロに設計を依頼することを、強くお勧めします。

　家族信託は、場合によっては数十年続くこともあり、長期にわたる契約です。その中で重要な人物が病気になったり亡くなったりすることもあるかもしれません。そのようなリスクにも対応できる内容にしておく必要があります。

　長い時間が過ぎる間には、事情や考えが変わることもあるでしょう。そのような場合にも柔軟に対応できる内容にしておかなければなりません。

　また、家族信託は終わらせ方も難しいのですが、その時の家族構成はどうなっているかなど、様々な場面を想定して設計する必要があります。

税務上も、不用意に多額な税金が課税されることを避けなければなりません。

　また、家族信託を設定する場合、不動産なら登記が必要ですし、お金なら信託口の口座が必要です。税務面では、信託の計算書をつくらなければいけないなど、様々な手続きが必要になります。

　不動産の売買の契約なら、当事者間でトラブルがなければ問題ありませんが、信託の契約書は、金融機関、法務局、税務署などの第三者に提出し、説明を求められるものになります。当事者間のトラブルがなければよいという売買や贈与の契約書とは性質が異なります。

　家族信託に精通するプロは、そのために数十時間から数百時間勉強し、実務経験を積んでアドバイスをしています。このようなスキルがないと、家族信託の設定は危険ですし、このようなスキルはインターネットで数時間調べたり、書籍を１、２冊読んだくらいで身につくものではありません。法律の専門家でない一般の人が自分でつくることは危険だといえます。

　弁護士、司法書士、税理士、行政書士などの専門家であっても、誰でもできるわけではありませんので、家族信託に精通しているプロに設計を依頼することを強くお勧めします。

14 信託口の口座は必要？

質問

お金を信託した場合は、信託口の口座を開かなければいけないと聞きました。しかし、金融機関が対応してくれない場合はどうしたらよいのでしょうか？

回答

　信託口の口座が開設できれば理想です。しかし、金融機関が対応してくれない場合は、信託口の口座にはこだわらず、受託者の個人名義の別口座で対応すればよいと考えられます。

　専門家の中には、信託されたお金の保管は信託専用のいわゆる「信託口の口座」でなければいけないのでは、と考えられる方もいると思います。「山田太郎」さんが財産を託す人で、「佐藤礼子」さんが財産を託され管理する人の場合、信託口の口座は「受益者　山田太郎　信託口　受託者　佐藤礼子」という口座名義になったりします。

　しかし、著者である私は、実務的には「信託口の口座」にはこだわっていません。佐藤礼子さんがこれまで使っていた口座とは別に、金融機関で新しく受託者の個人の「佐藤礼子」名義の通常の預金口座を開いてもらい、その口座で信託のお金を保管するこ

とがよくあります。

　これには理由が3つあります。

　1つ目は、受託者（財産を管理する人）には、財産の管理方法については自分の財産と信託された財産を明確に分けて管理する義務があるに過ぎず、別口座にすれば、その義務が果たせるからです。ですから、信託口の口座でなくでも、受託者が自分の生活費等が入っている口座と別の口座で管理すればよいことになります。

　2つ目は、万一、受託者が破産したり死亡したりしても、口座がロックされないようにすることは、受託者に課せられた義務ではないからです。

　専門家の中には、受託者（管理する人）が破産したり、死亡したりした場合には、口座が凍結されてしまい、それでは受託者の任務が全うできないのでは、と考えられる方もいると思います。確かに、受託者が破産したり、死亡したりした場合に、口座が凍結されないようにする必要はあります。しかし、これは受託者の義務ではなく、法律が認めていることに過ぎません。万一、受託者が破産したり、死亡したりして、金融機関側で口座をロックしたとしても、新しい受託者が金融機関に丁寧に説明することにより、口座のロックは解除されるでしょう。最低限、裁判で請求することによりロックは解除されます。

　3つ目は、「信託口」と名義についた口座だとしても、実際は普通預金口座と変わらない場合があるからです。「信託口」と名義に入っていても、受託者が破産したり、死亡したりしたときには、口座をロックする取扱いの金融機関もあります。これでは信託口の口座を開く意味がありません。

　また、ペイオフの関係で、信託口の口座でないと問題だという

指摘があります。ペイオフとは、金融機関が万一破綻したとき、1,000万円までは保護されるけれど、それ以上は保護されないというものです。信託されたお金を受託者の個人口座で管理すると、金融機関が破綻したとき、受託者の個人的な口座の残高と信託されたお金が合算されて、保護される範囲が狭まる危険性があります。

こちらについては、信託されたお金を「決済用預金」にすることで対処できます。

「決済用預金」とは、利息が付かない普通預金で、金融機関が破綻した場合も、1,000万円の上限とは別に全額保護される口座です。普通預金口座を開く際に、「この口座を決済用預金口座にしてください」と申込みすると、決済用預金口座を開くことができます。利息が付かない以外は、普通預金口座とまったく同じで、ATMでのお金の出し入れや振込等も、普通預金口座と同じようにすることができます。

以上のように、法律では信託口の口座の開設は要求されておらず、開設にあたっても、金融機関の対応はまちまちです。受託者としては、自分のお金と信託されたお金が明確に分けて管理されていればよく、決済用預金にすればペイオフにも対応できます。ですから、私は信託口の口座にはこだわっていません。

15 担保や融資が関係するときは、金融機関にはどのように対応したらよい？

質問

担保がついた不動産を信託する場合は、どのように対応したらよいでしょうか？ また、信託で借入をする場合はどうでしょうか？

回答

信託を設定する前に、金融機関と事前の打ち合わせを行ってください。

担保がついた不動産を信託する場合は、金融機関の理解を得られやすいといえます。信託で借入をする場合は、金融機関によって対応がまちまちです。

今回の質問は２つありますので、分けて回答します。

まずは、信託する不動産に担保がついているケースです（次ページ４－13参照）。

こちらは金融機関からの理解を得やすいです。これまで通り返済を続けられることや、信託しても担保の実行には影響がないことなどを説明します。むしろ、もともとの名義人が認知症になったとしても、（判断力のある）受託者に対して意思確認をすれば

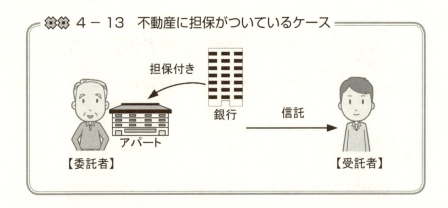

よいため、金融機関にとっても都合がいいと考えられます。ですから、担保がついている不動産を信託するケースは、信託する前に事前説明をすれば、金融機関から理解が得られやすいでしょう。

次に、信託した後に融資と担保の設定が関係する場合です。
これはさらに2つのケースに分ける必要があります。借り主（多くの場合は委託者）の判断力があるケースと、判断力がないケースです。
お父さんから息子にアパートを信託したケースで考えましょう（4－14参照）。
アパートの大規模修繕で借り主をお父さんにしたい、としま

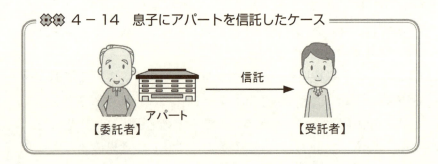

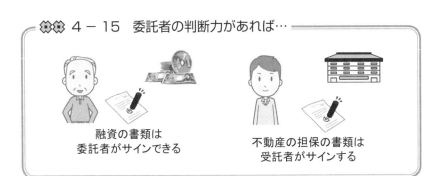

図4-15 委託者の判断力があれば…

融資の書類は
委託者がサインできる

不動産の担保の書類は
受託者がサインする

す。結果として、将来の相続税も低くなる場合もあります。

　お父さんの判断力があれば、融資の手続きは問題なく可能です（審査が通るかは別）（4-15参照）。つまり、金銭消費貸借の書類にお父さんが自らサインできるということです。そして、信託された不動産への担保の設定は、受託者である息子が行います。これは金融機関と信託する前に調整しておけば、問題なく進められることが多いでしょう。

　お父さんの判断力がなくなっている場合は問題です（4-16参照）。

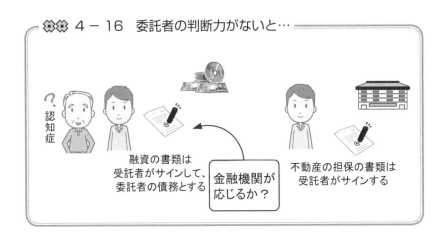

図4-16 委託者の判断力がないと…

認知症

融資の書類は
受託者がサインして、
委託者の債務とする

金融機関が
応じるか？

不動産の担保の書類は
受託者がサインする

融資の手続きは受託者である息子が行い、借り主をお父さんにすることは、信託の法律では可能ですが、このような手続きに応じる金融機関はあまり多くはありません。ですから、お父さんの判断力がなくなると、そもそも融資が受けられなくなります（もちろん、息子が個人として借りる場合は、息子が借入の手続きを行うため、問題なく進められるでしょうが）。
　仮に融資を受けることができれば、担保の設定手続は受託者である息子が行います。この部分では問題ありません。

　このように、信託の中で融資を受ける場合は、そもそも対応する金融機関が少ないため、信託を設定する前に金融機関と綿密な調整が必要です。
　信託を設定した後に、金融機関が対応してくれなかった、ということにならないように、事前にしっかり打ち合わせを行いましょう。

第5部 家族信託の設定から終了までの流れ

実際に家族信託を設定する場合、どのような流れになるのでしょうか？
ここでは、収益不動産を信託する場合と、自分の会社の株式を信託する場合の2つのケースについて、設定から、信託期間中、信託が終了するまでの流れを追っていきます。

1 収益不動産を信託する場合の流れ

　収益不動産を自分の子供に任せるために家族信託を使うとすれば、どのような流れになるのでしょうか？ アパート経営をお子さんに任せたいと思っている鈴木太郎さんの例をみてみましょう。

> **事例**
>
> 　私はアパートを所有しています。その家賃収入で私たち夫婦は生活しています。
> 　私たち夫婦もそれなりの年齢になってきたので、息子の弘にアパート経営を任せようと思います。弘には、私に万一のことがあっても妻の和子が生活に困らないように頼んでおこうと思います。
> 　最終的には弘にアパートを継がせるつもりです。
> 　どのようにしたらよいでしょうか？
>
>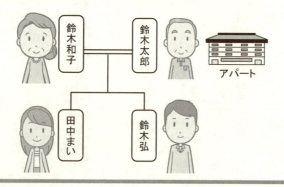

このようなお悩みをお持ちの鈴木太郎さんは、インターネットや書籍から家族信託という方法があることを知り、知り合いの紹介で、家族信託の専門家に相談することにしました。

1 家族信託の設定

① 相　談

　専門家に相談したところ、やはり家族信託なら鈴木太郎さんの希望がかなえられるとのことでした。アパートに家族信託を設定し、管理は息子の弘さんに任せることができます。賃料は太郎さんが受け取り、死亡後は妻の和子さん、和子さんが死亡すると信託が終了して、管理をしてもらった弘さんにアパートの所有権が移るような形の設定ができることがわかりました。

　太郎さんと和子さんは、財産は子供たちになるべく平等に分けたいとのこと。そこで遺言を書いて、娘のまいさんにもある程度の財産を渡すことにしました。

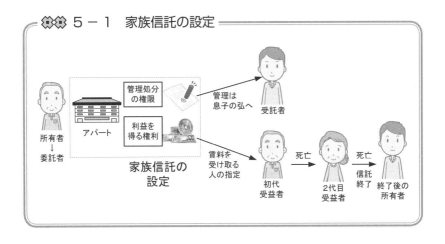

5-1　家族信託の設定

② 家族との話し合い

　太郎さんは、自分の財産の分け方を子供たちに話しました。アパートの管理を息子の弘さんに任せて、自分や妻の和子さんの生活が守られるように家族信託を使いたいことや、子供たちに財産が平等に渡るように遺言を書きたいことを伝えました。
　弘さんやまいさんも理解してくれ、また、弘さんは、家族信託の受託者になることも引き受けるとのことでした。
　今回の話し合いで、家族の絆が深まったように感じました。

③ 家族信託の設定

　太郎さんの希望を実現するために、専門家から家族信託契約書を作成してもらい、また、他の財産の分け方について、遺言も一緒に作成しました。
　家族信託契約書は、委託者となる太郎さんと、財産を管理する

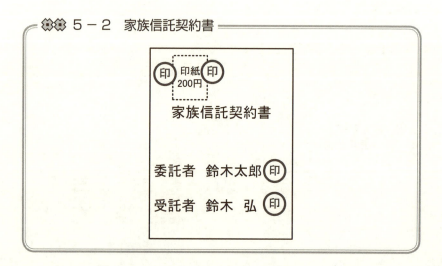

5－2　家族信託契約書

受託者となる弘さんの2名の署名・押印で成立します。鈴木太郎さんが亡くなった後、受益権を取得する妻の和子さんの押印は不要です。家族信託契約書には200円の収入印紙を貼ります。

また、この契約書を確実なものにするため、太郎さん、弘さんの2人で公証役場に行き、宣誓認証をしました。宣誓認証とは、公証人の面前で、「この文章の記載が真実である」ことを宣誓するものです。宣誓認証をすれば、文章が自分の意思でつくられたことを、公証人がお墨付きを与えてくれます。つまり、何かあったときに「お父さんがこんな文章をつくるわけがない」と言われるリスクを減らすことができます。

このようにして、家族信託契約が成立しました

④ 不動産登記

信託契約書に従って不動産登記をします。

不動産登記をすることによって、息子の弘さんが、正式に受託者として振る舞うことができるようになります。弘さんは入居者から賃料を受け取ったり、工事業者と修繕の契約をしたりすることができるようになります。

信託の登記をすると、法務局で取得できる登記簿(登記事項証明書)の中に、信託の内容が記載された信託目録が作成されます。名義は弘さんに移りますが、受託者として移ったことが明記されます。このように不動産が信託されたことが登記簿(登記事項証明書)から、一目でわかるようになります。

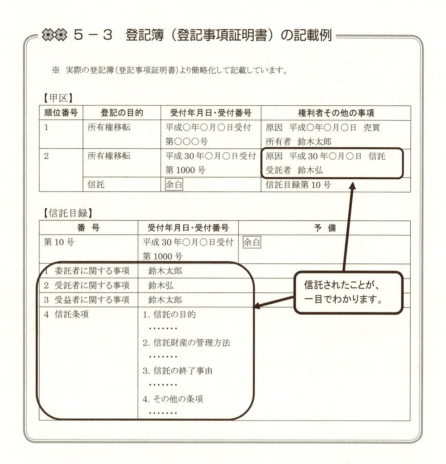

図5-3 登記簿（登記事項証明書）の記載例

⑤ 信託口の口座の開設

　金融機関で信託口の口座を開設します。
　今後は、賃料を弘さんが受け取るようになりますので、そのお金を保管するための口座です。受け取った賃料も信託財産になります。信託口の口座なら、弘さんが万一破産しても差し押さえられませんし、弘さんが亡くなっても弘さんの妻や子供には相続されません。

ただし信託口の口座については、金融機関によって対応がまちまちです。詳しくは198ページを参照ください。

> ## COLUMN　金融機関との事前調整
>
> 　信託口の口座については金融機関で対応がまちまちであり、受託者個人の名義で通常の預貯金口座を別に開設して対応することが多いことは、前述した通りです。
> 　口座以外にも、融資が関係する案件では、金融機関でも温度差があるようです。
> 　典型的な例は、親が子に土地を信託して、金融機関から融資を受けて、その土地にアパートを建築する場合です。親の認知症対策と相続税対策を兼ねています。
> 　法律的には、信託する前につけた担保権や、融資債権は、信託しても守られます（信託しない場合と変わりがありません）。しかし、法律上はそうであっても、金融機関が「そのような融資は受付できません」という態度をとる場合があります。最近では地方銀行でも、家族信託に関する融資を取り扱うところがいくつか出てきました。しかし、金融機関全体では、まだまだ対応が進んでいないところが多いようです。
> 　成年後見制度も始まったばかりの頃は、金融機関が対応してくれなくて大変でした。しかし、近年は、成年後見制度の対応をしない金融機関はありません。
> 　家族信託についても、金融機関での対応の広がりが望まれます。

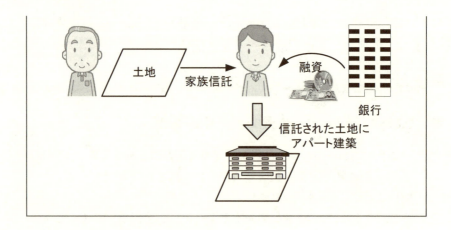

⑥ 入居者や損保会社に連絡

　賃料は受託者である弘さんが受け取るようになります。そのために入居者に大家が変わった旨を連絡します。また、火災保険の会社にも連絡します。不動産の名義を変更したことで、火災保険の変更の手続きが必要になるケースがあるからです。

⑦ 不動産取得税に関して連絡が来る

　信託登記をしてから3〜6か月すると、都道府県から不動産取得税の通知が来ます。受託者である弘さんが不動産を取得したように見えますので、不動産取得税に関して都道府県から問い合わせが来るようです。もちろん信託の設定では、不動産取得税は課税されません。都道府県に信託契約書のコピーなどを送ると、不動産取得税が課税されません。

⑧ 受託者宛に固定資産税の納税通知が来る

信託をした翌年の春になると、受託者である弘さん宛に固定資産税の納税通知が届きます。固定資産税は受益者である太郎さんが負担すべきものです。受け取った賃料から弘さんが納税します。もし賃料からでは不足するようであれば、太郎さんが負担します。

以上が、信託の設定から実際に動き始めるまでです。
このようにして、今後は息子の弘さんが受託者として振る舞うことになります。

2 信託の期間中

① 受託者によるアパートの運営

アパートの運営は、信託期間中の受託者である弘さんのメインの仕事です。大家としての仕事になります。
新たに入居者が来た場合の賃貸借契約書の締結、賃料の受け取り、修繕の手配、賃料が滞ったときの督促や法的手続、空室が出たときの新規の募集や不動産業者の手配など、受託者の弘さんが大家としてアパート運営に伴う各種実務を行います。
これにより、もともとの所有者の太郎さんが認知症になっても、死亡しても、アパートの運営で滞ることはありません。

② 決算書類の作成

　受託者である弘さんは、アパートの収益について決算書を作成する必要があります。収入と支出の帳簿を作成し、不動産や口座の残高の状況をまとめます。

　もともとの所有者である太郎さんは、収支の取りまとめを毎年行っていたはずです。信託後は受託者の弘さんがアパートの運営を行いますので、決算書類も弘さんが作成します。

③ 税務署に信託の計算書の提出

　毎年1月31日までに、税務署に信託の計算書を提出します。賃料は弘さんが受け取りますが、これは受益者の太郎さんの収入です。ですから、所得税の納税について、信託の計算書の提出が必要になります。ただし、収益の額が3万円未満の場合は、信託の計算書の提出は不要です（受益者が複数いる場合は、受益者ごとに3万円未満かどうかを判断）。

④ 受益者の死亡

　太郎さんが亡くなると、受益権（賃料を受け取る権利）は、信託契約書に定めてある通り、和子さんに移ります。

　和子さんに受益権を移すために必要なことは、不動産登記です。受益者を変更する登記手続は、受託者である弘さんが単独で行うことができます。

　また、信託口の口座名に太郎さんの名前が入っている場合は、信託口の口座名を変更する手続きも必要になります。

5-4 受益者の死亡

初代受益者
太郎さん

受益権（賃料を
受け取る権利）は
和子さんへ

2代目受益者
和子さん

　また、受益権を受け継いだ和子さんは、必要に応じて相続税の申告が必要になります。税額の計算方法は、信託していない場合と変わりません。配偶者控除や小規模宅地の特例など、通常の相続税で受けることができる特例も、そのまま適用できます。

　相続税の申告とは別に、「信託に関する受益者別調書」と「信託に関する受益者別調書合計表」を税務署に提出します。これらの書類は、信託の設定時、受益者が変更した時、信託が終了した時に税務署に提出する必要があります。ただし設定時は、委託者と受益者が同１人であったので提出の必要はありませんでした。

　不動産取得税については、課税されません。和子さんは受益権という権利を取得しただけで、不動産は取得していないからです。

⑤ 受託者に万一のことがあったら？

　不動産を管理する受託者である弘さんが亡くなるなど、万一のことがあった場合は、どのような手続きになるのでしょうか？
　信託契約書の中で第二受託者に長女のまいさんを定めておけば、弘さんが亡くなったと同時に、自動的にまいさんが受託者に

5-5 第二受託者

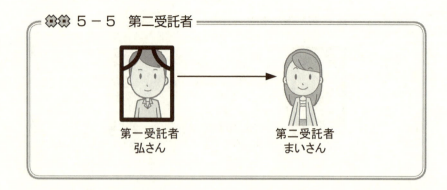

就任します。

　法律的には自動的にまいさんが受託者になるのですが、不動産登記や信託口座の名義は自動的に変更されませんので、手続きが必要です。

　不動産登記での受託者の変更は、信託契約書に記載されていますので、第二受託者であるまいさんが１人で登記できます。信託された不動産については、相続人のハンコは不要です（弘さんの個人的な不動産の相続登記は、遺言がなければ弘さんの相続人のハンコが必要になります）。

　不動産の名義変更により、通常は不動産取得税が課税されますが、信託の受託者の変更の場合は、不動産取得税は課税されません。

　信託口座の名義については、法律上、まいさん単独でできるはずですが、実際には、銀行によっては対応に温度差があると思われます。

3 信託の終了

① 和子さんの死亡で信託が終了、清算へ

和子さんが亡くなると、信託が終了となります。

終了したといっても、すぐ終わるのではなく、清算が必要になります。未回収の賃料を回収したり、未払いのものがあれば、支払ったりします。そして、残った財産が信託契約書で定めた人に移ります。

太郎さんが信託を設定した時には、最終的には息子の弘さんに信託した財産が移るようにしておきました。ですから、清算が終わった後は、アパートと残ったお金は弘さんの所有になります。

② 不動産登記と口座の手続き

信託が終了することによる不動産登記も行います。

この不動産登記も、受託者であり最終的な所有者でもある弘さんが、単独で申請することが可能です。

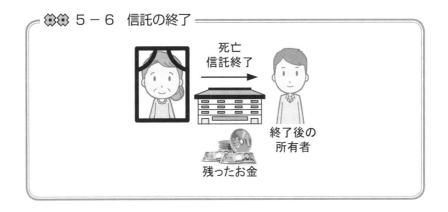

5-6 信託の終了

また、残ったお金も弘さんの名義となりますが、この手続きは、法律上、弘さんが単独で行うことができます。しかし、先にも述べたように、金融機関によって対応が異なると思われます。

③ 相続税

弘さんは、取得した財産の価額に応じて、相続税の申告が必要になります。税額の評価方法は信託していない場合と同じです。また、小規模宅地の特例など、相続税の特例も、要件が合えば受けることができます。

④ 不動産取得税

信託が終了した時、最終的に名義を取得した人に不動産取得税が課税されます。しかし、弘さんは当初の所有者である太郎さんの相続人ですので、この場合は、不動産取得税は課税されません。

⑤ 税務署に書類の提出

信託が終了したときは、税務署に「信託に関する受益者別調書」と「信託に関する受益者別調書合計表」の2つの書類を提出します。

このように、アパートに家族信託を設定することによって、もともとの所有者の太郎さんが認知症になってもアパートが適切に管理され、太郎さんが亡くなった後も、妻の和子さんが賃料を受け取れるようになりました。そして、和子さんが亡くなった後は、息子の弘さんにアパートを引き継がせることができました。

2 会社の株を後継者に信託する場合の流れ

　自分が経営する会社の世代交代について、家族信託を使うと、どのような流れになるのでしょうか？　会社の世代交代について検討している高橋清一さんの話を聞いてみましょう。

> **事例**
>
> 　私は会社を経営しています。
> 　そろそろ会社の世代交代を考えたいと思っています。取引先や銀行からも、後継者をどうするのかについてよく聞かれるようになりました。
> 　娘婿の拓真君が、会社の専務としてそれなりの実績も上げ、経営者らしくなってきました。
> 　しかし、会社を引き継ぐとなると、会社の株を渡さなければいけません。拓真君は私の実の息子ではありませんので、生前贈与や株の売却、遺言で渡すなど、どの方法もためらってしまいます。
> 　株を渡したとしても、拓真君が事故や病気で会社を経営できなくなったり、後継者として不適切と判断されたりしたら、株を返してもらわなければなりません。
> 　何か良い方法はありますか？

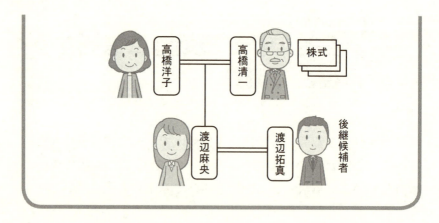

　このようなお悩みをお持ちの高橋清一さんは、とあるセミナーで家族信託という方法があることを知り、セミナーの講師をした専門家に、早速相談することにしました。

1 家族信託の設定

① 相　談

　専門家に相談したところ、家族信託なら高橋清一さんのニーズに柔軟に対応できることがわかりました。家族信託を設定し、受託者を拓真さんにすれば、人事権などの実権を渡すことができます。対外的には、事業承継が完成です。一方で、万一拓真さんが後継者として不適切なら、信託を解除して、いつでも株を返してもらうことも可能です。実権を渡しても、戻しても、贈与税がかからないこともわかりました。
　配当など利益を得る権利（受益権）を持つ受益者は、もともとのオーナーである清一さんに設定し、清一さんの死亡で信託を終了させ、株の権利を娘である麻央さんに渡すことにします。

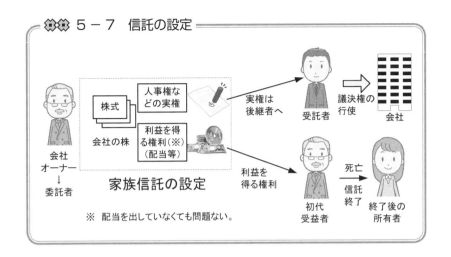

5-7 信託の設定

　信託終了後に、もう一度、麻央さんと拓真さんの間で家族信託を設定するかは、その時に決めればよいでしょう。
　以上の説明を聞き、清一さんは家族信託で会社の世代交代（事業承継）を進めることにしました。

② 家族との話し合い

　後継者の拓真さんにはもちろん、妻の洋子さん、娘の麻央さんにも、自分の会社の株について、清一さんの希望を伝えました。
　洋子さんや麻央さんからも理解を得られたようです。拓真さんも、いよいよ会社を任せてもらえるとわかり、やる気がみなぎると同時に、気が引き締まったようです。

③ 株の譲渡の承認決議

　中小企業のほとんどは、会社の株を譲渡することについて、株

主総会や取締役会から承認が必要な旨の規定を置いています。そのため、家族信託の内容が決まり、信託契約書に押印する際には、会社から承認が必要です。

④ 家族信託の設定

会社から株の譲渡の承認が得られたため、いよいよ家族信託契約書に署名・押印します。契約書には200円の収入印紙を貼ります。家族信託契約書は専門家から作成してもらいました。

清一さんは遺言も一緒に作成しました。清一さん亡き後に、妻の洋子さんが生活に困らないように、株以外の財産は洋子さんに相続させる内容です。

以上のように、清一さんの会社の事業承継は、手続きを完了しました。

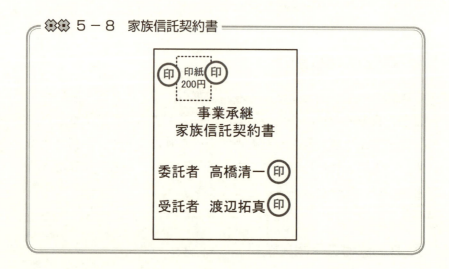

5-8 家族信託契約書

⑤ 税金について

　拓真さんは、会社の実権を取得しますが、贈与税などの税金は課税されません。税務上は、財産的価値は受益権にあるとみなされ、受益権は当初のオーナーの清一さんに残したままだからです。

2 信託の期間中

① 会社の運営

　娘婿の拓真さんが受託者ですので、人事権など会社の実権を握り、会社を運営していきます。ただし、もともとのオーナーである清一さんには指図権を設定してありますので、清一さんは後継者の拓真さんに、議決権の行使について指図をすることができます。清一さんは体の続く限り会社の経営にタッチしたいとのことで、代表権は拓真さんに譲りましたが、清一さんは代表権のない取締役会長として経営者として残ることにしました。

　取引先や銀行など、対外的には、拓真さんが代表者として前面に立ちます。したがって、世代交代ができたことが、社外にもアピールできます。

　会社の代表者として自分で判断し会社を運営することは、横から見ている時とはまるで違います。拓真さんも自覚を持って会社の運営に当たることができるでしょう。拓真さんが会社の経営で悩んだときは、いつでも清一さんからアドバイスを受けることもできますので、時間をかけながら、拓真さんは経営者として成長していくことができます。

② 想定外、拓真さんが会社を継がなくなったら

　後継者の拓真さんが、病気やケガで会社を継がないことになるかもしれません。また、実際に経営をさせてみて、残念ながら後継者として不適切な場合も考えられます。

　この場合は、委託者であり受益者の清一さん1人の判断で、信託契約を解除することができます（受益権を別の人に譲渡していない場合に限ります）。信託契約を解除することにより、会社の実権は清一さんの元に戻ります。

　ただし、この解除にも、会社からの承認は必要です。

③ 先代が高齢のため判断力がなくなったら

　先代の清一さんが脳卒中や認知症などで判断力がなくなっても、会社の運営には支障はありません。実権は家族信託で後継者の拓真さんに渡っているからです。先代の清一さんは指図権が使えなくなるだけですので、拓真さんは自分1人の判断で会社の舵取りをしていくことになります。

3 信託の終了

① 先代の死亡で信託が終了　再度、家族信託も

　家族信託の設計により、先代の死亡で信託が終了し、株は娘の麻央さんが取得します。株を麻央さんが取得することにより、会社の実権を麻央さんが握ることになります。

　麻央さんが会社の経営に関与していなければ、麻央さんを委託

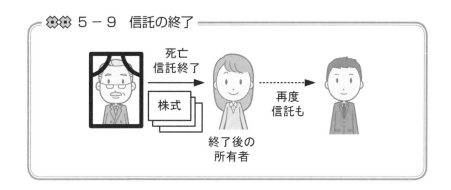

◆◆◆ 5-9 信託の終了

者、拓真さんを受託者として、再度、家族信託することも考えられます。

② 譲渡承認の決議

信託が終了することにより、会社の株が麻央さんに渡ります。これは、遺言による麻央さんへの株の移転と同様です。「会社の株を相続させる」といった財産を特定させた形の相続(「特定承継」や「特定遺贈」といいます)で株を取得させる場合は、譲渡承認の決議が必要です。したがって、今回の信託の終了により麻央さんが株を取得するケースでも、会社の承認が必要と考えられます。

③ 相続税

麻央さんは、取得した財産の価額に応じて、相続税の申告が必要になります。税額の評価方法は信託していない場合と同じです。

④ 税務署に書類の提出

　信託が終了したときは、税務署に「信託に関する受益者別調書」と「信託に関する受益者別調書合計表」の2つの書類を提出します。

　このように、会社の株に家族信託を設定することによって、会社の世代交代（事業承継）がスムーズに進む体制ができました。
　後継者の拓真さんは、新経営者として会社の前面に立ち、清一さんは後ろからサポートします。このような体制で、拓真さんは経営者として一人前になることができ、会社も若い力でますます発展することができました。
　そして、先代の清一さん亡き後は、会社の株を娘の麻央さんに渡して、その後の方針は、若い2人に任せることができました。

あとがき

　本書を手に取っていただき、最後までお読みいただきありがとうございました。
　本書の冒頭で私が述べた言葉を覚えているでしょうか？
　「法律は、知っている人の味方です」

　私が家族信託を手がけ始めた頃です。ある男性から、県外にある不動産について、自分では管理が難しく、不動産自体も不要なので、物件のすぐ近くに住む親戚に名義を渡したいと相談されました。つまり生前贈与です。生前贈与の登記は簡単です。印鑑証明書や権利証など、必要な書類を集めて、作成した書類に印鑑をもらうだけです。
　しかし、この登記をするとどうなるでしょうか？　おそらく、数か月後に県税事務所から数十万円の不動産取得税の納税通知が、名義をもらった親戚に届き、次の年には、税務署から200万円近い贈与税がその親戚に課税されるでしょう。
　相談された方は、ただ、自分名義の不動産を、親戚に管理・処分してもらうために、善意で不動産を生前贈与するつもりでした。しかし、法律（税金）を知らなかったため、多額な税金が課税されるところでした。
　まさに、法律は知っている人の味方です。
　私のアドバイスを聞いて、その方は「家族信託でぜひお願いします」とご依頼されました。結果的に不動産取得税も、贈与税も課税されずに済みました（ただ、その男性が亡くなられて、名義が完全にその親戚に渡ると、少なくとも不動産取得税は課税されます）。

本書では、家族信託だけでなく、成年後見や任意後見、遺言のお話もしてきました。そして、不動産の名義を動かすと、どのような税金がかかるかも紹介させていただきました。私は「家族信託があれば万全」とは思っていません。状況に応じて、成年後見や任意後見、遺言なども必要です。生命保険や生前贈与を使うこともあります。ただ、家族信託でないと実現できないことがあることも確かです。
　認知症対策や相続対策では、これら様々なツールの中から、最適な方法を選択することが重要です。それぞれのツールにはメリット・デメリットがありますので、それを踏まえて最適な選択をすべきです。ですから、選択肢（武器）は多いほうがよいのです。武器が多ければ、解決できる幅も広くなります。そのためには、家族信託をまず知らなければなりません。

　最後にもう一度あなたにこの言葉を贈ります。

法律は、正しく生きている人の味方ではありません。
知っている人の味方です。

●●● 参考文献 ●●●

- 『新訂　新しい家族信託』遠藤英嗣（日本加除出版）
- 『逐条解説　新しい信託法』寺本昌広（商事法務）
- 『信託法［第4版］』新井誠（有斐閣）
- 『論点解説　新・会社法』相澤哲、葉玉匡実、郡谷大輔（商事法務）
- 『家族信託活用マニュアル』河合保弘（日本法令）
- 『空き家にさせない！「実家信託」』杉谷範子（日本法令）
- 『信託を活用した新しい相続・贈与のすすめ［改訂版］』笹島修平（大蔵財務協会）
- 『家族信託実務ガイド第4号　私はこうして家族信託に取り組んだ！』（日本法令）
- 『信託登記の実務［第3版］』信託登記実務研究会（日本加除出版）
- 『「信託」の基本と使い方がわかる本』菅野真美（日本実業出版社）
- 『平成28年度業務研修会　「民事信託の実務」テキスト』日本司法書士会連合会　司法書士中央研修所
- 『戦国武将　引き際の継承力』童門冬二（河出書房新社）
- 「成年後見関係事件の概況―平成29年1月～12月―」最高裁判所事務総局家庭局
- 「日本における認知症の高齢者人口の将来推計に関する研究」研究代表者　二宮利治

イラスト協力：イラストＡＣ　田川きのこ

■■ 著者・税務監修者　略歴 ■■

【著者】
司法書士

川嵜　一夫（かわさき　かずお）

1969年生まれ。新潟県三条市出身。
日本大学理工学部卒業。
身長は185cm。

高校3年生の時、父の会社が倒産し、両親は離婚。一度は大学進学をあきらめるが、昼も夜も働き22歳の時に大学に進学。卒業後は東京のコンサルタント会社に勤務。帰郷をきっかけに司法書士を目指す。受験期間中、新潟・福島豪雨（7.13水害）で床上80cmの被害に遭い、勉強道具と家財の一切を失う。しかし、家族の支えもあり、翌2005年に司法書士合格。2006年司法書士登録し、現在にいたる。本人は、「挫折をバネにがんばる！」と笑う。

家族信託を駆使した、相続・認知症対策、事業承継対策を得意とする。また、日本人が海外に所有する資産の相続対策にも取り組んでいる。
実務を行うだけでなく、研修会の講師を全国で年間50件以上務める。NHKにも出演し、家族信託について解説。
家族信託の普及に力を入れており、家族信託の実務家を応援するサイトも運営。http://kawasakikazuo.com/

2010年～2014年　新潟大学法学部　非常勤講師
2013年～2017年　新潟県司法書士会　副会長

モットーは、難しい法律を「わかりやすく伝える」こと。

とき司法書士法人
〒950-0824
新潟県新潟市東区中島2丁目1番31号レ・モンデ新潟　3階A号室
電話：025-384-0306　FAX：025-384-0340
E-mail：k-kawasaki@toki-office.jp
家族信託の動画サイト　http://kazoku-shintaku.info/

【税務監修者】
税理士・CFP®

蟹江　乾道（かにえ　けんどう）

蟹江乾道税理士事務所　代表
継TAX合同会社　代表社員

〒104-0031
東京都中央区京橋2-12-9-5F
電話：03-6264-4441　FAX：03-4586-6378
URL：http://k-tax.co.jp/kanie/
E-mail：kanie@k-tax.co.jp

＜略　歴＞
1976年 東京都生まれ。
1995年 聖光学院高等学校（横浜）卒業
1999年 慶應義塾大学経済学部卒業。
2002年 税理士試験合格。CFP試験合格。2005年税理士登録。
中堅会計事務所において資産税担当として勤務後、新進の税理士法人において税務業務のほか、スタッフの教育も推進。
現在は独立し、蟹江乾道税理士事務所を主宰。TAC税理士講座相続税法講師も務める。
近年は、民事信託や生命保険信託を活用した相続対策に注力し、セミナー講演も多数。

＜主な取扱業務＞
・相続税申告　　　　　・信託設定　　　　　・事業承継対策立案、実行
・相続税更正の請求　・相続税物納申請　　・相続税延納申請
・贈与税申告（相続時精算課税制度の適用等）・個人の債務整理補助
・オーナー一族間の紛争調停の為の会社分割案作成
・非上場会社の株価評価（DCF法含む）
・民事再生法に基づく再生計画作成　他

増補版
相続・事業承継・認知症対策のための
いちばんわかりやすい家族信託のはなし

平成 29 年 5 月 20 日　初版発行
平成 31 年 1 月 20 日　増補初版
令和 4 年 9 月 1 日　増補 5 刷

検印省略

日本法令 ®

〒 101 - 0032
東京都千代田区岩本町 1 丁目 2 番 19 号
https://www.horei.co.jp/

著　者　　川　嵜　一　夫
税　務
監修者　　蟹　江　乾　道
発行者　　青　木　健　次
編集者　　岩　倉　春　光
印刷所　　日本ハイコム
製本所　　国　宝　社

（営　業）　TEL　03 - 6858 - 6967　　E メール　syuppan@horei.co.jp
（通　販）　TEL　03 - 6858 - 6966　　E メール　book.order@horei.co.jp
（編　集）　FAX　03 - 6858 - 6957　　E メール　tankoubon@horei.co.jp

（オンラインショップ）　https://www.horei.co.jp/iec/
（お詫びと訂正）　https://www.horei.co.jp/book/owabi.shtml
（書籍の追加情報）　https://www.horei.co.jp/book/osirasebook.shtml

※万一、本書の内容に誤記等が判明した場合には、上記「お詫びと訂正」に最新情報を掲載しております。ホームページに掲載されていない内容につきましては、FAX または E メールで編集までお問合せください。

・乱丁、落丁本は直接弊社出版部へお送りくださればお取替えいたします。
・ JCOPY 〈出版者著作権管理機構 委託出版物〉
本書の無断複製は著作権法上での例外を除き禁じられています。複製される場合は、そのつど事前に、出版者著作権管理機構（電話 03-5244-5088、FAX 03-5244-5089、e-mail：info@jcopy.or.jp）の許諾を得てください。また、本書を代行業者等の第三者に依頼してスキャンやデジタル化することは、たとえ個人や家庭内での利用であっても一切認められておりません。

Ⓒ K. Kawasaki 2019. Printed in JAPAN
ISBN 978-4-539-72641-9